Fahl/Winkler
Definitionen und Schemata Strafrecht

Definitionen und Schemata Strafrecht

von

Dr. Christian Fahl
o. Professor an der Universität Rostock

und

Dr. Klaus Winkler
Rechtsanwalt in München
Lehrbeauftragter an der Universität Augsburg

3. Auflage

Verlag C. H. Beck München 2010

Verlag C. H. Beck im Internet:
beck.de

ISBN 978 3 406 60488 1

Wilhelmstraße 9, 80801 München
Druck: Nomos Verlagsgesellschaft
In den Lissen 12, 76547 Sinzheim

Satz: DTP-Vorlagen der Autoren

Gedruckt auf säurefreiem, alterungsbeständigem Papier
(hergestellt aus chlorfrei gebleichtem Zellstoff)

Vorwort

Dieses kleine Kompendium soll auch in der nunmehr dritten Auflage Studierende aller Semester sowie Referendarinnen und Referendare beim Wiederholen und Einprägen strafrechtlicher Definitionen unterstützen. Nicht prüfungsrelevante oder nur ganz selten in der Ausbildung erforderliche Tatbestände und Definitionen wurden wie schon in den ersten beiden Auflagen weggelassen. Das Ergebnis sind die in knapper Form dargestellten wichtigsten strafrechtlichen Vokabeln. Neu aufgenommen wurden aufgrund häufiger Nachfrage weitere Aufbauschemata sowie ein universelles Falllösungsschema für das Vorgehen in der Klausur.

Über konstruktive Kritik und weitere Verbesserungsvorschläge freuen wir uns unter jurakompakt@beck.de.

Wir wünschen allen Leserinnen und Lesern viel Glück und Erfolg in den Prüfungen!

Rostock/München, im März 2010

Prof. Dr. Christian Fahl
Dr. Klaus Winkler

Zum Gebrauch der Definitionen

Die Definition eines Tatbestands- oder Begriffsmerkmals ist nur ein (kleiner) Schritt der Subsumtion. Der erste ist die Nennung des jeweiligen Merkmals. Danach erfolgt die Definition des Merkmals, sofern nicht – wegen unproblematischer Deckungsgleichheit mit Sachverhaltsangaben – ohne eine solche sogleich subsumiert werden kann. Häufig schließt sich daran noch ein Meinungsstreit an, z.B. kann die Ingerenz als vorausgegangenes gefahrschaffendes Tun definiert werden (vgl. § 13) – umstritten ist aber, ob dieses auch „pflichtwidrig" gewesen sein muss. Das vorliegende Heftlein will in diesem Streit, der in allen gängigen Lehrbüchern nachgelesen werden kann, keine Stellung beziehen. Es kann daher auch die Anschaffung eines Lehrbuches nicht ersparen. Dort, wo andere Definitionen als die hier angebotenen existieren, laufen sie entweder bei Anwendung auf den Fall auf dasselbe hinaus, oder es muss in Klausuren und Hausarbeiten wiederum Streit geführt werden, welche die richtige ist.

Zum Gebrauch der Schemata

So wie vor einer unreflektierten Übernahme der Definitionen muss auch vor unkritischer Übernahme der hier vorgeschlagenen Schemata gewarnt werden: Die Schemata sollen Studierenden den Aufbau der Prüfung erleichtern und Antwort geben auf die Frage, an welcher Stelle im Deliktsaufbau eine im Definitionsteil angebotene Definition eine Rolle spielt. Manchmal kann man darüber streiten, wo ein Merkmal zu prüfen ist, ob z.B. „unbefugt" in den Tatbestand oder in die Rechtswidrigkeit gehört, was sich freilich schon in der jeweiligen Definition ausdrückt. In § 231 II ließe sich statt eines unverbindlichen Hinweises auf Rechtswidrigkeit und Schuld wie im hier vorgeschlagenen Schema mit guten Gründen auch ein „persönlicher Strafausschließungsgrund sehen; bei nahezu allen hier als „objektive Bedingung der Strafbarkeit" eingeordneten Merkmalen lässt sich darüber streiten, ob es nicht doch Tatbestandsmerkmale sind, die daher dort zu prüfen sind, ganz abgesehen davon, ob man solche Bedingungen im Anschluss an Rechtswidrigkeit und Schuld oder wie hier als „Tatbestandsannex" prüft. Die Mordmerkmale kann man statt als Tatbestandsmerkmale auch als besondere Schuldmerkmale begreifen und dort einordnen. Die Rücksichtslosigkeit bei § 315c, die hier als besonderes Schuldmerkmal verstanden wird, ließe sich auch in den objektiven oder subjektiven Tatbestand einordnen. Manchmal erfindet die Rechtsprechung auch neue Merkmale, über deren Berechtigung häufig ebenso gestritten werden kann wie über deren Einordnung, z.B. die bei §§ 239a, b bei Zwei-Personen-Verhältnissen in der Bemächtigungsalternative erforderliche „Stabilisierung", die andere im subjektiven Tatbestand (bei der Nötigungs- bzw. Erpressungsausnutzungsabsicht) prüfen. Nicht alle Prüfungsstationen, die im Schema auftauchen, müssen bei der Falllösung auch relevant werden: Kausalität, objektive Zurechnung, Kategorien wie Rechtswidrigkeit und Schuld, können entfallen, wenn es dazu nichts Fallspezifisches zu sagen gibt. Auch an die vorgeschlagene Prüfungsreihenfolge muss man sich nicht sklavisch halten, so kann man z.B. beim fahrlässigen Unterlassungsdelikt die Frage des Einstehenmüssens vorziehen, wenn klar keine Garantenstellung vorliegt und den Aufbau so an die Probleme anpassen. Ob eine „Vorprüfung" generell verboten oder zumindest beim Versuch erlaubt ist, weil man sonst keinen Anknüpfungspunkt z.B. für die Frage der Strafbarkeit des Versuchs beim erfolgsqualifizierten Delikt hat, wie ein erfolgsqualifiziertes Delikt überhaupt aufzubauen ist, ob es dem Vorsatz- oder dem Fahrlässigkeitsaufbau folgt und wie das erst bei Vorsatz-Fahrlässigkeits-Kombinationen ist, darüber kann ebenfalls gestritten werden – aber nicht in einer Falllösung. Da gilt: Über Aufbaufragen wird nicht gestritten und der Aufbau wird auch nicht erklärt!

Inhaltsverzeichnis

Abkürzungsverzeichnis

Abs.	Absatz
a.E.	am Ende
Alt.	Alternative(n)
AO	Abgabenordnung
BAK	Blutalkoholkonzentration
BBodenSchG	Bundesbodenschutzgesetz
BGB	Bürgerliches Gesetzbuch
BImSchG	Bundesimmissionsschutzgesetz
BJagdG	Bundesjagdgesetz
BNatSchG	Bundesnaturschutzgesetz
BRAO	Bundesrechtsanwaltsordnung
bzgl.	bezüglich
bzw.	beziehungsweise
ca.	circa
d.h.	das heißt
etc.	et cetera
EV	Einigungsvertrag
GG	Grundgesetz
gem.	gemäß
ggf.	gegebenenfalls
grds.	grundsätzlich
h.M.	herrschende Meinung
i.d.R.	in der Regel
inkl.	inklusive
insb.	insbesondere
InsO	Insolvenzordnung
i.S.(d.)	im Sinne (der/des)
i.V.m.	in Verbindung mit
JGG	Jugendgerichtsgesetz
LuftVG	Luftverkehrsgesetz
Nr.	Nummer
s.(o.)	siehe (oben)
sog.	sogenannte(r)
SoldG	Soldatengesetz
StGB	Strafgesetzbuch
StPO	Strafprozessordnung
TKG	Telekommunikationsgesetz
u.a.	unter anderem
usw.	und so weiter
Var.	Variante
vgl.	vergleiche

VwVfG .... Verwaltungsverfahrensgesetz
WHG .... Wasserhaushaltsgesetz
z.B. .... zum Beispiel
ZPO .... Zivilprozessordnung

§§ ohne Gesetzesangabe sind solche des Strafgesetzbuchs.

Universelles Falllösungsschema

A. Tatkomplex F1

- Gliederung: üblicherweise Großbuchstabe (Hauptsache: einheitlich!)
- Name: Er soll den Komplex faktisch identifizieren, nicht rechtlich (falsch: „Der Mord"; richtig: „Im Garten"). Die Zusätze „Erster Tatkomplex", „Komplex", „Handlungsabschnitt" usw. sind überflüssig.
- Kriterien: Tatort, Tatzeit, Tatumstände (wie viele Geschichten werden in der Geschichte erzählt? – An § 53 orientieren!)
- Reihenfolge: i.d.R. chronologisch (wichtigste Ausnahme: Versuchs-, Vorbereitungs- und Teilnahmehandlungen zur jeweiligen Vollendungs- oder Haupttat)
- Ausnahme: Komplexeinteilung entfällt, wenn dadurch nur ein Komplex übrig bleibt oder in jedem Komplex nur ein Beteiligter zu prüfen ist; in diesem Fall: Gliederung (nur) nach Personen (ggf. mit „Unterkomplexen" zur besseren Unterscheidung, z.B. nach Diebstahlsgegenständen, Betrugshandlungen etc.)

I. Beteiligter F2

- Gliederung: üblicherweise römische Zahl (entfällt, wenn nur eine Person geprüft wird)
- Überschrift: „Strafbarkeit des …" (um gleiche Überschriften zu vermeiden ggf. zusätzlich: „als Täter" oder „als Teilnehmer" oder besser: „Selbstständige …"/„Unselbstständige Strafbarkeit …")
- Reihenfolge: einzeln und nacheinander (Ausnahme: bei exakt gleichen Sachverhaltsangaben kann zusammen geprüft werden); bei mehreren: mit dem beginnen, der „am nächsten dran" ist am Erfolg; Täter vor Teilnehmer (wichtig für spätere Zurechnung! – Kann von Komplex zu Komplex wechseln); bei „Not": Aktion vor Reaktion (ggf. „Minikomplexe": „Der erste Schlag", „Der zweite Schlag" usw. bilden!)

1. (Delikts-)Tatbestand F3

- Gliederung: üblicherweise arabische Zahl (entfällt, wenn keine weitere folgt)

– Überschrift: „So kurz wie möglich und so genau wie nötig“ (z.B. nach Absatz, Satz und Alternative/Nummer, wenn nicht alle geprüft werden; wenn eine Norm mit mehreren Absätzen nur einen Tatbestand enthält, reicht die Angabe der Norm), z.B. „§ x“ (um gleiche zu vermeiden ggf. zusätzlich: „zum Nachteil des …“, „gegenüber“, „im Hinblick auf …“ oder „an“); AT-§§ nur i.V.m. BT-§§ (z.B. richtig: „§§ 212, 22“; falsch: „§ 22“); Wiederholung in Worten, z.B. „Anstiftung zum …“ oder „Diebstahl (§ 242 StGB)“, überflüssig (verbraucht unnötig Platz und Zeit!)
– Reihenfolge: „Dickschiffe vorn“ (zahlreiche Ausnahmen – bei getrennter Prüfung von Grundtatbestand und Qualifikation: Grundtatbestand zuerst; bei zusammengesetzten Delikten: Einzelteile zuerst; bei Abgrenzungen: abgelehntes Delikt zuerst)

F4 a) Tatbestand(-smäßigkeit)

– Gliederung: üblicherweise Kleinbuchstabe (nach Deliktsebenen: Tatbestand also immer „a)“, es sei denn, dass kein „b“ folgt oder sich die Prüfung in „a) objektiver Tatbestand, b) subjektiver Tatbestand, c) Ergebnis“ erschöpft; keine Ausführungen, die nicht unter irgend einen Gliederungspunkt fallen, also: nichts „vor aa)“ oder „vor a)“; keine Abgrenzung „vorab“, einleitende, Abschluss- oder Zwischenbemerkungen, vor allem: keine Aufbauerklärungen)
– Überschrift: in der Ausformulierung keine Abkürzungen (z.B. „Tbm.“, „Tb.“) verwenden

F5 *aa) Objektiver Tatbestand*

– Gliederung: üblicherweise Doppel-Kleinbuchstabe (entfällt, wenn nicht mindestens „bb)“ folgt)
– Überschrift: in der Ausformulierung keine Abkürzungen (z.B. „obj. Tb.“) verwenden (kein „Telegrammstil“!)
– Stil: Gutachten („könnte … müsste“, „daher“, „folglich“; kein „da“, „weil“), d.h. Ergebnis nie vor Begründung, sondern umgekehrt Begründung stets vor Ergebnis (eine bloße Feststellung ohne nachfolgende Begründung ist allerdings erlaubt)
– Sortierung: Tatbestandsmerkmale (a, b, c, d, e) nach Täter(Tatsubjekt), Tatobjekt, Tatmittel, Tathandlung (hier: Handlungsqualität und Abgrenzung Tun/Unterlassen; falls keine Handlung: Prüfung beendet – falls kein Tun: neue Überschrift „§§ x, 13“ und weiter mit Aufbauschema: *[vgl. Aufbauschema Unterlassungsdelikt, Vor § 13]*, Taterfolg, Kausalität usw. *[vgl. Allgemeines Aufbauschema, Vor § 1]* geordnet behandeln (entsprechende „Zwischenüberschriften“ häufig unnötig; Gliederung durch Absätze ausreichend; Ergebnis der ge-

danklichen Prüfung schriftlich nur mitteilen, wo erwähnenswert, sonst weglassen)
- Subsumtion (häufig problemlos, dann genügt simple Feststellung, andernfalls): Merkmal nennen; definieren (falls konkret genug, Sachverhalt darunter subsumieren; sonst die Merkmale der Definition weiter behandeln wie Merkmale des Gesetzes, d.h. problematisches Merkmal nennen, definieren usw.); bei mehreren Definitionen: Meinungsstreit führen: Meinung 1 (nicht „h.M." und „M.M.", sondern besser neutral: „eine Meinung"/ „andere Meinung"); mindestens ein Argument gegen diese und für Meinung 2 usw. (falls mehrere Meinungen diskussionswürdig, abgelehnte zuerst); abschließende Conclusio: Merkmal a) erfüllt/nicht erfüllt; nächstes Merkmal b), bis alle Merkmale abgearbeitet sind (nur wo Erörterung lohnt und wo Merkmal nicht schon vorab als gegeben festgestellt wurde)
- Zwischenergebnis (falls nicht ohnehin offensichtlich): „Objektiver Tatbestand erfüllt/nicht erfüllt" – falls nicht erfüllt: neue Überschrift „§§ x, 22" und weiter mit Aufbauschema *[vgl. Aufbauschema Versuch, Vor § 22]*

bb) Subjektiver Tatbestand **F6**

aaa) Tatbestandsvorsatz

- Gliederung: keine Üblichkeiten; Hauptsache einheitlich
- keine „Überbegründungen", insb. nicht „Absicht" begründen, wo „dolus eventualis" reicht
- Zwischenergebnis (falls nicht offensichtlich): Vorsatz gegeben/nicht gegeben (falls nicht: neue Überschrift und weiter mit Aufbauschema *[vgl. Aufbauschema: Fahrlässigkeit, Vor § 15]*

bbb) Spezielle Absichten etc.

- *[vgl. Allgemeines Aufbauschema, Vor § 1]*; besondere Aufbauschemata beim jeweiligen Delikt

b) Rechtswidrigkeit **F7**

aa) Rechtfertigungsgrund 1

- z.B. „§ 32" *[vgl. Aufbauschema: Notwehr, § 32, Vor § 32]*; besondere Reihenfolge beachten, insb. Notwehr vor Notstand, zivilrechtlicher Notstand vor strafrechtlichem Notstand

aaa) Objektive Rechtfertigungstatbestand
- Subsumtion unter dessen Merkmale wie oben unter „1. a) aa)" beschrieben

bbb) Subjektiver Rechtfertigungstatbestand

bb) Rechtfertigungsgrund 2 etc.

– ohne abwegige; nur die durchgreifenden oder einschlägige, wo nur „wenig" fehlt; Kategorien wie „Rechtswidrigkeit" und „Schuld" können ganz entfallen wenn es dazu nur Allgemeines und nichts Fallspezifisches zu schreiben gibt; kein „Lehrbuchstil"

F8 c) Schuld

– falls überhaupt noch erwähnenswert

aa) Schuldausschließungs-/Entschuldigungsgrund 1

– z.B. „§ 33" *[vgl. Aufbauschema: Notwehrexzess, Vor § 33]*

aaa) Objektive Voraussetzungen

– Subsumtion unter dessen Merkmale wie oben unter „1. a) aa)" beschrieben

bbb) Subjektive Voraussetzungen

bb) Schuldausschließungs-/Entschuldigungsgrund 2 etc.

– nur „nahe" liegende; Reihenfolge nach Zweckmäßigkeit; weiter gem. *Allgemeines Aufbauschema, Vor § 1*, z.B. mit:

cc) Besondere Schuldmerkmale

– falls vorhanden: z.B. Rücksichtslosigkeit bei § 315c, *vgl. Allgemeines Aufbauschema, Vor § 1* und besondere Aufbauschemata beim jeweiligen Delikt

F9 d) Strafzumessung

– nur wenn „tatbestandsähnlich" umschrieben, z.B.

aa) Regelbeispiel 1

– z.B. „§ 243 I Nr. 1", *[vgl. Aufbauschema: Besonders schwerer Fall des Diebstahls, Vor § 243]*

aaa) Objektives Vorliegen

– Subsumtion unter Regelbeispielsmerkmale wie oben unter „1. a) aa)" beschrieben)

bbb) Vorsatz (bzgl. der Regelbeispielsmerkmale)

bb) Regelbeispiel 2 etc.

– bei Regelbeispielen Kontraindizien beachten; abschließende Conclusio: besonders schwerer Fall oder kein besonders schwerer Fall –

entsprechend bei minder schweren Fällen mit/ohne Regelbeispielcharakter, z.B. § 213

e) Strafwürdigkeit/Strafbedürftigkeit **F10**

– aber nur wenn es dazu wirklich etwas zu sagen gibt; kein sinnloses „Abklappern" von Prüfungspunkten; Einzelheiten: s. besondere Aufbauschemata beim jeweiligen Delikt und *Allgemeines Aufbauschema, Vor § 1*; Subsumtion unter die Voraussetzungen wie oben unter „1. a) aa)" beschrieben

f) Strafverfolgungsvoraussetzungen und -hindernisse **F11**

– Strafantrag ist stets erwähnenswert, z.B. „Der gem. § 230 erforderliche Antrag ist gestellt" bzw. „muss noch gestellt werden". Beachte: Die „Strafbarkeit" bleibt davon unberührt!

g) Ergebnis **F12**

– „[…] hat sich/hat sich nicht gem. § x strafbar gemacht"; Formulierungen wie „kommt nicht in Betracht" sind unsinnig, wenn Prüfung bereits in Betracht gekommen ist!

2. Nächster (Delikts-)Tatbestand …

3. Konkurrenzen **F13**

– falls mehrere Tatbestände bejaht wurden
– entweder „Gesetzeseinheit" in Form von Spezialität/Subsidiarität/Konsumtion (stets angeben, welche, und, falls nötig, unter deren Voraussetzungen subsumieren), oder: „Tateinheit gem. § 52" (falls Tatmehrheit, § 53: Aufbau der eigenen Lösung überprüfen!)

II. Nächster Beteiligter **F14**

1. (Delikts-)Tatbestand

– Sortierung: Falls nicht schon in der Beteiligtenüberschrift (s.o.) differenziert, innerhalb der Prüfung selbstständige und unselbstständige Strafbarkeit getrennt nacheinander (Zwischenüberschrift unnötig; Reihenfolge nach Zweckmäßigkeit)
– Überschrift: bei mittelbarer Täterschaft: „§§ x, 25 I Alt. 2" (Prüfung gem. *Aufbauschema: Mittelbare Täterschaft, § 25 I Alt. 2, Vor § 25*); bei Mittäterschaft: „§§ x, 25 II" (Prüfung gem. *Aufbauschema: Mittäterschaft, § 25 II – getrennte Prüfung, Vor § 25* – gemeinsame Prüfung oben!); bei Anstiftung: „§§ x, 26" (Prüfung gem. *Aufbauschema, Vor § 26*); bei Beihilfe: „§§ x, 27" (Prüfung gem. *Aufbauschema, Vor § 27*); Prüfung in dieser Reihenfolge

2. Nächster (Delikts-)Tatbestand …

3. Konkurrenzen

– falls mehrere Tatbestände bejaht wurden, wie oben I. 3.

III. Weiterer Beteiligter …

F15 **IV. Konkurrenzen**

– Zwischen selbstständiger und unselbstständiger Strafbarkeit, falls eine solche gegeben – Verschiebung auf unten C. nicht ausgeschlossen, doch sollte über Konkurrenzen grds. so bald wie möglich entschieden werden)

B. Nächster Tatkomplex

[…]

F16

C. Gesamtkonkurrenzen und -ergebnis

I. Für Beteiligten 1

– Konkurrenzen (falls er sich in mehreren Komplexen strafbar gemacht hat; dann entweder: „mitbestrafter Vor-/Nachtat" – Feststellung reicht normalerweise, oder: „Tatmehrheit gem. § 53" – ganz selten § 52 (z.B. natürliche Handlungseinheit; fortgesetzte Tat; in diesem Fall subsumieren und nötigenfalls Meinungsstreit führen wie oben „1. a) aa)" beschrieben); Schlussergebnis („ist gem. §§ x, y, z … 52 zu bestrafen" – als Antwort auf die Fallfrage!)

II. Für Beteiligten 2

– (entsprechend)

III. Für Beteiligten 3 etc.

– (entsprechend)

Allgemeiner Teil

Das Strafgesetz
Geltungsbereich, §§ 1–10

Vor § 1 Allgemeine Aufbauschemata

Allgemeines Aufbauschema: Schnellübersicht 1

I. Tatbestand

II. Rechtswidrigkeit

III. Schuld

IV. Strafzumessung
(insb. Erfüllung von Regelbeispielen)

V. Strafwürdigkeit/Strafbedürftigkeit

VI. Strafverfolgungsvoraussetzungen und -hindernisse
(insb. Strafantrag)

Allgemeines Aufbauschema: Ausführliche Übersicht 2

Vorprüfung
Anwendbarkeit deutschen Strafrechts

I. Tatbestand

1. Objektiver Tatbestand
   a) Täter (Tatsubjekt)
   b) Tatobjekt
   c) Tatmittel
   d) Tatsituation
   e) Tathandlung
   f) Taterfolg
   (bei Erfolgsdelikten; bei Gefährdungsdelikten: Gefährdung)
   g) Kausalität
   h) Objektive Zurechnung
2. Subjektiver Tatbestand
   a) Tatbestandsvorsatz
   b) Spezielle Absichten (z.B. Zueignungsabsicht bei § 242)

c) Sonstige besondere subjektive Merkmale
(z.B. Mordlust bei § 211; Gewinnsucht bei § 330 etc.)
3. Tatbestandsannex: Objektive Bedingung der Strafbarkeit

II. Rechtswidrigkeit
1. Rechtfertigungsgründe, z.B.
a) Rechtfertigende Einwilligung (mutmaßliche, hypothetische)
b) Notwehr (§ 32 StGB, § 227 BGB)
c) Notstand
(zivilrechtlicher Aggressiv- und Defensivnotstand, §§ 228, 904 BGB; allgemeiner rechtfertigender Notstand, § 34 StGB, § 16 OWiG)
d) Erlaubte Selbsthilfe, Besitzwehr (§§ 229, 561, 859, 1029 BGB)
e) Wahrnehmung berechtigter Interessen bei Beleidigung, § 193
f) Erziehungsrecht von Eltern und Erziehern
g) Festnahmerechte
(§ 127 StPO, § 87 StVollzG)
h) Amtsbefugnisse
(z.B. gem. §§ 81 ff. StPO, §§ 758, 808, 909 ZPO)
i) Rechtfertigende Pflichtenkollision
2. Besondere Rechtswidrigkeitsmerkmale (z.B. Verwerflichkeit in § 240)

III. Schuld
1. Schuldfähigkeit des Täters
(§§ 19, 20, 21; actio libera in causa)
2. Persönliche Vorwerfbarkeit
a) Schuldvorsatz (insb. beim Erlaubnistatbestandsirrtum)
b) Unrechtsbewusstsein
aa) Verbotsirrtum (§ 17)
bb) Erlaubnisirrtum (§ 17 analog)
c) Fehlen von Entschuldigungsgründen
aa) Notwehrexzess (§ 33)
bb) Entschuldigender Notstand (§ 35)
cc) Übergesetzlicher entschuldigender Notstand
3. Besondere Schuldmerkmale (z.B. Rücksichtslosigkeit bei § 315c)

IV. Strafzumessung
(insb. Erfüllung von Regelbeispielen, z.B. § 243)

V. Strafwürdigkeit/Strafbedürftigkeit
1. Persönliche Strafausschließungs- oder Strafaufhebungsgründe
(z.B. §§ 24, 31, 142 IV, 163 II)
2. Absehen von Strafe

VI. Strafverfolgungsvoraussetzungen und -hindernisse
(insb. Strafantrag, §§ 77 ff.; z.B. in § 123 II, § 230, § 303c)

Vor § 1 Vorbemerkungen

Deliktsebenen	sind Tatbestandsmäßigkeit, Rechtswidrigkeit und Schuld.	**3**
Deliktsstadien	sind Vorbereitung, Versuch und Vollendung.	**4**
Schuldformen	sind Vorsatz und Fahrlässigkeit.	**5**
Handlung	Willensgesteuertes Verhalten	**6**
Verhalten	Handlung, Nichthandlung, Tun und Unterlassen	**7**
Tatbestandsmäßigkeit	Erfüllung des objektiven und subjektiven Tatbestands	**8**
Tatbestandsannex	Anhang zum objektiven Tatbestand	**9**
Objektive Bedingung der Strafbarkeit	Objektive Merkmale außerhalb des Tatbestandes, auf die sich der Vorsatz daher nicht beziehen muss	**10**
Objektiver Tatbestand	Summe aller objektiven Tatbestandsmerkmale	**11**
Kausal	ist jede Bedingung, die nicht hinweggedacht werden kann, ohne dass der Erfolg in seiner konkreten Gestalt entfiele (conditio sine qua non).	**12**
Äquivalenz(theorie)	Alle Bedingungen sind im Hinblick auf die Kausalität als gleichwertig anzusehen.	**13**
Adäquanz(theorie)	Kausal sind nur solche Bedingungen, die nicht völlig außerhalb der Lebenswahrscheinlichkeit liegen.	**14**
Relevanz(theorie)	Es kommen nur solche Bedingungen in Betracht, die im Hinblick auf den tatbestandlichen Erfolg relevant sind.	**15**
Alternative Kausalität	Von zwei Bedingungen, die alternativ, aber nicht kumulativ hinweggedacht werden können, sind beide kausal.	**16**
Kumulative Kausalität	Von zwei Bedingungen, die nur beide zusammen den Erfolg herbeiführen, jede einzelne für sich aber nicht, sind beide kausal.	**17**
Hypothetische Kausalität	Außer Betracht bleiben Ersatzursachen, die beim Hinwegdenken der Ursachen den Erfolg herbeigeführt haben würden.	**18**
Dazwischentreten eines Dritten	unterbricht, wenn nicht den Kausalzusammenhang, so doch möglicherweise den Zurechnungszusammenhang.	**19**

20	Rechtmäßiges Alternativverhalten	ist ein Verhalten, das den gleichen Erfolg auch auf legale Weise herbeigeführt hätte.
21	Objektiv zurechenbar	ist ein Erfolg, wenn der Täter eine rechtlich relevante Gefahr geschaffen hat, die sich im tatbestandsmäßigen Erfolg realisiert (Grundformel).
22	Schutzzweck der Norm	bezeichnet das Risiko, vor dem die Norm gerade schützen will.
23	Allgemeines Lebensrisiko	ist das Risiko, das jeder selbst trägt, vor dem die Norm nicht schützen will.
24	Schutzzweck-zusammenhang	Über die Kausalität hinaus erforderlicher Zusammenhang zwischen dem Schutzzweck der Norm und dem tatbestandlichen Erfolg
25	Pflichtwidrigkeits-zusammenhang	ist ein vor allem bei Fahrlässigkeitsdelikten erforderlicher Zusammenhang zwischen der Pflichtwidrigkeit und dem Erfolg.
26	Risikoverringerung	liegt vor, wenn ein vorhandenes Risiko lediglich abgeschwächt und nicht durch ein völlig anderes Risiko ersetzt wird.
27	Eigenverantwortliche Selbstgefährdung	Wer eine eigenverantwortlich gewollte und verwirklichte Selbstgefährdung eines anderen (vorsätzlich oder fahrlässig) veranlasst, fördert oder ermöglicht, handelt straflos, wenn sich das mit der Selbstgefährdung eingegangene Risiko realisiert.
28	Subjektiver Tatbestand	Vorsatz und besondere subjektive Merkmale
29	Rechtfertigungsgründe	sind Erlaubnistatbestände, welche die aufgrund der Tatbestandsmäßigkeit regelmäßig indizierte Rechtswidrigkeit wieder entfallen lassen.
30	Einverständnis	Zustimmung des Berechtigten, die den Tatbestand ausschließt
31	Einwilligung	Rechtfertigende Zustimmung zu einem tatbestandsmäßigen Verhalten
32	Mutmaßliche Einwilligung	Rechtfertigungsgrund bei Handeln im Interesse oder bei mangelndem Interesse des Berechtigten, wenn die aktuelle Einwilligung nicht oder nicht rechtzeitig erreichbar ist.
33	Hypothetische Einwilligung	liegt vor, wenn der Einwilligende zwar nicht ordnungsgemäß aufgeklärt worden ist, er jedoch auch bei ordentlicher Aufklärung eingewilligt hätte.

§ 1 Keine Strafe ohne Gesetz

Ultima ratio	ist das letzte Mittel.	1
Bestimmtheitsgebot	nullum crimen, nulla poena sine lege (kein Verbrechen, keine Strafe ohne Gesetz) enthält das Verbot der Rückwirkung (lex praevia), das Verbot der Analogie zu Ungunsten des Täters (lex stricta) und das Verbot (ungeschriebenen) strafrechtlichen Gewohnheitsrechts (lex scripta), jede Auslegung hat die Wortlautschranke zu beachten und das Gesetz darf nicht schwammig sein (lex certa)	2
In dubio pro reo	Im Zweifel für den Angeklagten	3
Wahlfeststellung	wird getroffen, wenn eine Sachverhaltsungewissheit besteht, so dass nicht entscheidbar ist, welcher von mehreren Sachverhalten zutrifft, die alle zur Strafbarkeit führen und rechtsethisch und psychologisch vergleichbar sind, während andere Möglichkeiten sicher ausscheiden.	4
Postpendenz-feststellung	wird getroffen, wenn eine einseitige Sachverhaltsungewissheit der Weise besteht, dass von zwei in Betracht kommenden rechtlich relevanten Sachverhalten der zeitlich frühere nur möglicherweise, der zeitlich spätere hingegen sicher gegeben ist.	5

§ 2 Zeitliche Geltung

Zeit der Tat	ist die Zeit, zu welcher der Täter oder Teilnehmer gehandelt hat oder im Falle des Unterlassens hätte handeln müssen (§ 8).	1
Beendigung	ist der nach der tatbestandlichen Vollendung gelegene Zeitpunkt, mit dem das Tatunrecht seinen materiellen Abschluss findet.	2
Mildestes Gesetz	ist diejenige Regelung, welche für den Einzelfall die für den Täter mildere Beurteilung zulässt (konkrete Betrachtung).	3

§ 3 Geltung für Inlandstaten

Inland	Das Staatsgebiet der (Länder der) Bundesrepublik Deutschland	1

2	Staatsgebiet	Das Landgebiet, die Eigengewässer, das Küstenmeer sowie der Luftraum darüber

§ 4 Geltung für Taten auf deutschen Schiffen und Luftfahrzeugen

1	Schiff	Zur See- und Binnenschifffahrt bestimmtes Wasserfahrzeug
2	Luftfahrzeuge	sind Flugzeuge, Drehflügler, Luftschiffe, Segelflugzeuge, Motorsegler, Frei- und Fesselballone, Drachen, Rettungsfallschirme, Flugmodelle, Luftsportgeräte und sonstige für die Benutzung des Luftraumes bestimmte Geräte, insb. Raumfahrzeuge, Raketen und ähnliche Flugkörper (§ 1 LuftVG).

§ 5 Auslandstaten gegen inländische Rechtsgüter

1	Ausland	Jedes Gebiet außerhalb des Inlands, auch das offene Meer und Gebiete ohne Staatshoheit
2	Inland	Das Staatsgebiet der (Länder der) Bundesrepublik Deutschland (siehe § 3)
3	Deutscher	Wer die deutsche Staatsangehörigkeit i.S. von Art. 116 I GG besitzt
4	Ausländer	Jeder, der nicht Deutscher ist, auch Staatenlose
5	Räumlicher Geltungsbereich dieses Gesetzes	Seit dem Beitritt der DDR (Art. 1 I EV) mit dem Begriff des Inlands deckungsgleich
6	Lebensgrundlage	Summe der Beziehungen, die den persönlichen und wirtschaftlichen Schwerpunkt im Verhältnis des Menschen zu seiner Umwelt ausmachen
7	Wohnsitz	Ort, an dem jemand ordnungsrechtlich gemeldet ist, bei Doppelwohnsitz oder wechselnden Aufenthalten der Ort, an dem jemand seinen persönlichen, familiären und wirtschaftlichen Mittelpunkt hat
8	Gewöhnlicher Aufenthalt	Ort der nicht nur vorübergehend genutzten tatsächlichen Unterkunft
9	Amtsträger	Wer nach deutschem Recht Beamter oder Richter ist, in einem sonstigen öffentlich-rechtlichen Amtsverhältnis steht oder sonst zur Wahrnehmung öffentlicher Aufgaben bestellt ist (§ 11 I Nr. 2)

Für den öffentlichen Dienst besonders Verpflichteter	Wer, ohne Amtsträger zu sein, bei einer Behörde oder für eine sonstige Stelle, die Aufgaben der öffentlichen Verwaltung wahrnimmt, oder bei einem Verband oder sonstigem Zusammenschluss, Betrieb oder Unternehmen, die für eine Behörde oder für eine sonstige Stelle Aufgaben der öffentlichen Verwaltung ausführen, beschäftigt oder für sie tätig und auf gewissenhafte Erfüllung seiner Obliegenheiten auf Grund eines Gesetzes förmlich verpflichtet ist (§ 11 I Nr. 4)	**10**

§ 6 Auslandstaten gegen international geschützte Rechtsgüter

Tatort	Ort, an dem der Täter oder Teilnehmer gehandelt hat oder im Falle des Unterlassens hätte handeln müssen oder an dem der Tatbestandserfolg eingetreten ist oder hätte eintreten sollen (§ 9)	**1**
Ausland	Jedes Gebiet außerhalb des Inlands, auch das offene Meer und Gebiete ohne Staatshoheit (siehe § 5)	**2**

§ 8 Zeit der Tat

Täter	Wer die Tat selbst oder durch einen anderen begeht (§ 25 I)	**1**
Teilnehmer	Anstifter oder Gehilfe (§ 28 I)	**2**
Erfolg	Von der Tathandlung trennbares, zum gesetzlichen Tatbestand gehörendes Ergebnis derselben in der Außenwelt	**3**

§ 10 Sondervorschriften für Jugendliche und Heranwachsende

Jugendlicher	Wer zur Zeit der Tat vierzehn, aber noch nicht achtzehn Jahre alt ist (§ 1 II JGG)	**1**
Heranwachsender	Wer zur Zeit der Tat achtzehn, aber noch nicht einundzwanzig Jahre alt ist (§ 1 II JGG)	**2**

Sprachgebrauch, §§ 11–12

§ 11 Personen- und Sachbegriffe

In gerader Linie verwandt	sind Personen, deren eine von der anderen abstammt (§ 1589 S. 1 BGB).	**1**

2	Verschwägert	sind die Verwandten eines Ehegatten mit dem anderen (§ 1590 BGB).
3	Ehegatten	Verschieden geschlechtliche Personen, die miteinander in formell gültiger Ehe leben
4	Lebenspartner	Gleichgeschlechtliche Personen, die in einer auf Lebenszeit angelegten Geschlechts- und Lebensgemeinschaft leben
5	Verlöbnis	Ernstes Partnerschafts- oder Eheversprechen
6	Geschwister	Personen, die mindestens einen Elternteil gemeinsam haben
7	Beamter	Wer nach beamtenrechtlichen Vorschriften durch die zuständige Stelle in ein Beamtenverhältnis berufen ist
8	Sonstiges öffentlich-rechtliches Amtsverhältnis	ist eines, das einem öffentlich-rechtlichen Dienst- und Treueverhältnis vergleichbar ist, ohne ein Beamtenverhältnis zu sein.
9	Berufsrichter	In das Richteramt durch Aushändigung einer Ernennungsurkunde wirksam berufene Person
10	Ehrenamtliche Richter	Schöffen und andere Laienrichter
11	Behörde	Stelle, die Aufgaben der öffentlichen Verwaltung wahrnimmt (§ 1 IV VwVfG) – auch Gerichte
12	Schriften	Zusammenstellung von Zeichen, die durch Augen oder Tastsinn wahrnehmbar sind und Gedankeninhalte verkörpern
13	Tonträger	Sachen, die gespeicherte akustische Signale enthalten
14	Bildträger	Sachen, die gespeicherte Bildinformationen enthalten
15	Darstellungen	Auf einige Dauer fixierte Zeichen, welche einen wahrnehmbaren Vorgang oder Gedanken vermitteln
16	Datenspeicher	Speichermedium zur Aufbewahrung von Daten
17	Abbildungen	Durch Gesichts- oder Tastsinn wahrnehmbare Wiedergaben der Außenwelt

§ 12 Verbrechen und Vergehen

1	Rechtswidrige Tat	Handlung, die den Tatbestand eines Strafgesetzes verwirklicht (§ 11 I Nr. 5)

Die Tat.
Grundlagen der Strafbarkeit, §§ 13–21

Vor § 13 Begehen durch Unterlassen

Aufbauschema: Vorsätzliches unechtes Unterlassungsdelikt 1

I. Tatbestand
1. Objektiver Tatbestand
   a) Erfolg
   b) Unterlassen i.S.d. Nichtvornahme einer faktisch möglichen Handlung mit sinnvoller Erfolgsabwendungstendenz
   c) Quasikausalität
   d) Objektive Zurechnung
   e) Einstehenmüssen (Garantenstellung)
   f) Entsprechensklausel bei verhaltensgebundenen Delikten
2. Subjektiver Tatbestand

II. Rechtswidrigkeit
Insb. rechtfertigende Pflichtenkollision

III. Schuld
Insb. Unzumutbarkeit normgemäßen Verhaltens

Beachte zum fahrlässigen Unterlassungsdelikt: Vor § 15

§ 13 Begehen durch Unterlassen

Unterlassen	Nichtvornahme einer faktisch möglichen Hand- mit sinnvoller Erfolgsabwendungstendenz	1
Erfolg	Von der Tathandlung trennbares, zum gesetzlichen Tatbestand gehörendes Ergebnis derselben in der Außenwelt (siehe § 8)	2
Quasikausalität	ist gegeben, wenn die gebotene Handlung nicht hinzugedacht werden kann, ohne dass der Erfolg in seiner konkreten Gestalt mit an Sicherheit grenzender Wahrscheinlichkeit entfiele.	3
Garantenstellung	liegt vor, wenn jemand rechtlich dafür einzustehen hat, dass der Erfolg nicht eintritt.	4
Garantenpflicht	Aus einer Garantenstellung folgende Handlungspflicht	5
Beschützergaranten	Personen, denen Obhutspflichten für ein bestimmtes Rechtsgut obliegen, für dessen Bestand und Sicherheit sie zu sorgen haben	6

7	Überwachergaranten	Personen, denen aufgrund ihrer Verantwortlichkeit für bestimmte Gefahrenquellen Sicherungspflichten gegenüber jedermann obliegen
8	Ingerenz	Vorausgegangenes gefahrschaffendes Tun
9	Gefahrengemeinschaft	Eine solche, die nach der zweckgerichteten Art ihrer Entstehung und des dadurch begründeten Vertrauensverhältnisses gegenseitige Hilfe und Fürsorge einschließt
10	Pflichtenkollision	liegt vor, wenn zwei oder mehr rechtliche Handlungspflichten in der Weise zusammentreffen, dass der Pflichtige die eine nur auf Kosten der anderen erfüllen kann.

§ 14 Handeln für einen anderen

1	Juristische Person	Organisation mit eigener Rechtspersönlichkeit
2	Vertretungsberechtigtes Organ	Organ, durch das die juristische Person rechtswirksam handeln kann
3	Gesetzlicher Vertreter	Person, deren Vertretungsmacht auf gesetzlichen Bestimmungen beruht
4	Besondere persönliche Eigenschaften	sind die mit dem Menschen als solchem verbundenen Merkmale.
5	Besondere persönliche Verhältnisse	Äußere Beziehungen eines Menschen zu anderen Menschen, Institutionen oder Sachen
6	Unternehmen	Rechtlich-wirtschaftliche Einheit
7	Betrieb	ist eine nicht nur vorübergehende räumlich-organisatorische Einheit von Personen und Sachmitteln zur Verfolgung arbeitstechnischer Zwecke unter einheitlicher Leitung.

Vor § 15 Vorsätzliches und fahrlässiges Handeln

1 **Aufbauschema: Fahrlässiges Begehungsdelikt**

I. Tatbestand

1. Erfolg (bei Erfolgsdelikten)
2. Tathandlung
3. Kausalität
4. Generelle/objektive Sorgfaltspflichtverletzung
   a) (Generelle) Vorhersehbarkeit
   b) (Generelle) Vermeidbarkeit

5. (Sonstige) Objektive Zurechnung des Erfolgseintritts, insb.
    a) Schutzzweckzusammenhang
    b) Pflichtwidrigkeitszusammenhang
    c) Eigenverantwortliche Selbstgefährdung etc.

II. Rechtswidrigkeit

III. Schuld

1. Allgemeine Schuldmerkmale
2. Besondere Schuldmerkmale
3. Fehlen von Entschuldigungsgründen
4. Individuelle/subjektive Sorgfaltspflichtverletzung
    a) (Individuelle) Vorhersehbarkeit
    b) (Individuelle) Vermeidbarkeit

Aufbauschema: Fahrlässiges Unterlassungsdelikt 2

I. Tatbestand

1. Erfolg (bei Erfolgsdelikten)
2. Unterlassen i.S.d. Nichtvornahme einer faktisch möglichen Handlung mit sinnvoller Erfolgsabwendungstendenz
3. Quasikausalität
4. Generelle/objektive Sorgfaltspflichtverletzung
    a) (Generelle) Vorhersehbarkeit
    b) (Generelle) Vermeidbarkeit
5. (Sonstige) Objektive Zurechnung des Erfolgseintritts, insb.
    a) Schutzzweckzusammenhang
    b) Pflichtwidrigkeitszusammenhang
    c) Eigenverantwortliche Selbstgefährdung etc.
6. Einstehenmüssen (Garantenstellung)
7. Entsprechensklausel (bei verhaltensgebundenen Delikten)

II. Rechtswidrigkeit

Insb. rechtfertigende Pflichtenkollision

III. Schuld

1. Allgemeine Schuldmerkmale
2. Besondere Schuldmerkmale
3. Fehlen von Entschuldigungsgründen
   Insb. Unzumutbarkeit normgemäßen Verhaltens
4. Individuelle/subjektive Sorgfaltspflichtverletzung
    a) (Individuelle) Vorhersehbarkeit
    b) (Individuelle) Vermeidbarkeit

§ 15 Vorsätzliches und fahrlässiges Handeln

Vorsatz	Wissen und Wollen der Tatbestandsverwirklichung	1

2	Absicht	(dolus directus 1. Grades) ist zielgerichtetes Wollen in dem Sinn, dass es dem Täter gerade darauf ankommt, den Erfolg herbeizuführen.
3	Wissentlichkeit	(dolus directus 2. Grades) ist sicheres Wissen.
4	Eventualvorsatz	(dolus eventualis, bedingter Vorsatz) liegt vor, wenn der Täter den Erfolgseintritt mindestens für möglich hält (Wissenselement) und sich zumindest damit abfindet (Wollenselement).
5	Bewusst fahrlässig	handelt, wer die Gefahr erkennt, jedoch auf das Ausbleiben des Erfolges vertraut.
6	Unbewusst fahrlässig	handelt, wer die gebotene Sorgfalt außer Acht lässt und dabei nicht einmal die Gefahr erkennt.
7	Grob fahrlässig	handelt, wer in besonders großem Maße die gebotene Sorgfalt außer Acht lässt.
8	Leichtfertig	handelt, wer grob fahrlässig handelt und nicht beachtet, was sich jedermann aufdrängen muss.
9	Fahrlässigkeit	Generelle und individuelle Sorgfaltspflichtverletzung
10	Sorgfaltspflichtverletzung	Außerachtlassung der im Verkehr erforderlichen Sorgfalt bei Vorhersehbarkeit und Vermeidbarkeit des Erfolges
11	Vorhersehbarkeit	Vorhersehbar ist, was ein umsichtig handelnder Mensch aus dem Verkehrskreis des Täters unter den jeweils gegebenen Umständen aufgrund der allgemeinen Lebenserfahrung in Rechnung stellen würde.
12	Vermeidbarkeit	Vermeidbar ist ein Erfolg, wenn er bei Beachtung der gebotenen Sorgfalt hätte verhindert werden können.

§ 16 Irrtum über Tatumstände

1	Irrtum	Auseinanderfallen von Vorstellung und Wirklichkeit
2	Tatbestandsirrtum	Unkenntnis von Umständen, die zum gesetzlichen Tatbestand gehören (vgl. § 16 I)
3	Umgekehrter Tatbestandsirrtum	Irrige Annahme von Umständen, die zum gesetzlichen Tatbestand gehören

Erlaubnistatbestand	ist ein Rechtfertigungsgrund.	4
Erlaubnistatbestands-irrtum	Irrige Annahme von Umständen, die im Falle ihres wirklichen Vorliegens die Voraussetzungen eines anerkannten Rechtfertigungsgrundes ausfüllen würden	5
Deskriptive Tatbestandsmerkmale	sind solche, deren Vorliegen durch sinnliche Wahrnehmung festgestellt werden kann.	6
Normative Tatbestandsmerkmale	sind solche, deren Vorliegen nur durch ein (Wert-) Urteil festgestellt werden kann.	7
Error in persona (vel objecto)	Irrtum über die Person (oder das Handlungsobjekt)	8
Aberratio ictus	ist ein Fehlgehen der Tat in dem Sinne, dass der Täter auf ein individualisiertes Tatobjekt zielt, dieses jedoch verfehlt und ein anderes Objekt trifft, das er nicht anvisiert hatte.	9

§ 17 Verbotsirrtum

Verbotsirrtum	Unkenntnis eines Verbots	1
Umgekehrter Verbotsirrtum	Irrige Annahme eines Verbots	2
Indirekter Verbotsirrtum	Irrige Annahme einer Erlaubnis	3
Vermeidbar	ist der Verbotsirrtum dann, wenn der Täter bei gehöriger Gewissensanstrengung das Unrecht der Tat hätte einsehen können.	4
Unrechtsbewusstsein	Einsicht, Unrecht zu tun	5
Subsumtionsirrtum	Irrtum bei der Auslegung einer Rechtsnorm	6

Vor § 18 Schwerere Strafe bei besonderen Tatfolgen

Aufbauschema: Erfolgsqualifiziertes Delikt 1

Beachte: *Vor einer Erfolgsqualifikation sollte das Grunddelikt geprüft werden. Dann kann im Tatbestand 1. entweder ganz weggelassen oder insoweit in aller Kürze auf die vorangegangene Prüfung verwiesen werden.*

I. Tatbestand

1. Erfüllung des Grundtatbestandes
2. Eintritt der qualifizierenden schweren Folge

3. Kausalität zwischen Grunddelikt und schwerer Folge
4. Vorsatz oder Fahrlässigkeit bzgl. der Folge, letzterenfalls
   a) Generelle/objektive Sorgfaltspflichtverletzung bei objektiver Vorhersehbarkeit der schweren Folge (Vermeidbarkeit ergibt sich schon aus der Verwirklichung des Grunddelikts)
   b) Leichtfertigkeit (falls gefordert)
5. (Sonstige) Objektive Zurechnung
6. Zumindest bei Fahrlässigkeit zusätzlich: Unmittelbarkeitszusammenhang

II. Rechtswidrigkeit

III. Schuld

1. Allgemeine Schuldmerkmale
2. Besondere Schuldmerkmale
3. Fehlen von Entschuldigungsgründen
4. Bei fahrlässiger Verursachung der schweren Folge: Individuelle/subjektive Sorgfaltspflichtverletzung bei subjektiver Vorhersehbarkeit der schweren Folge

§ 18 Schwerere Strafe bei besonderen Tatfolgen

1	Erfolgsqualifiziertes Delikt	liegt vor, wenn das Gesetz an eine besondere Folge der Tat eine schwerere Strafe knüpft.
2	Fahrlässigkeit	Generelle und individuelle Sorgfaltspflichtverletzung (siehe § 15)
3	Unmittelbarkeitszusammenhang	Über Kausalität und objektive Zurechnung hinausgehender tatbestandsspezifischer Zusammenhang, wonach sich gerade die dem Grundtatbestand anhaftende spezifische Gefahr in der schweren Folge niedergeschlagen haben muss.

§ 19 Schuldunfähigkeit des Kindes

1	Kind	Person unter 14 Jahren (§ 176 I)
2	Schuld	Persönliche Vorwerfbarkeit
3	Schuldunfähigkeit	Unfähigkeit, schuldhaft zu handeln

§ 20 Schuldunfähigkeit wegen seelischer Störungen

1	Krankhaft	Vom Normalzustand zum Schlechten hin abweichend
2	Seelisch	Geistige (psychische) Vorgänge betreffend

Einsichtsfähigkeit	Fähigkeit, das Unrecht der Tat einzusehen	3
Steuerungsfähigkeit	Fähigkeit, nach dieser Einsicht zu handeln	4
Actio libera in causa	Im Ursprung freie Handlung	5

§ 21 Verminderte Schuldfähigkeit

Erheblich vermindert	ist die Einsichts- oder Steuerungsfähigkeit dann, wenn sie im Vergleich mit dem Durchschnittsbürger in einem solchen Maß verringert war, dass die Rechtsordnung diesen Umstand bei der Durchsetzung ihrer Verhaltenserwartungen nicht übergehen darf.	1

Versuch, §§ 22–24

Vor § 22 Begriffsbestimmung

Aufbauschema: Versuch 1

Vorprüfung
- Keine Vollendung
- Strafbarkeit des Versuchs, § 23 I i.V.m. § 12

I. Tatbestand
1. Subjektiver Tatbestand (Tatentschluss)
   a) Tatbestandsvorsatz
   b) Spezielle Absichten (z.B. Zueignungsabsicht)
   c) Sonstige besondere subjektive Merkmale (z.B. Mordlust etc.)
2. Objektiver Tatbestand (unmittelbares Ansetzen)

II. Rechtswidrigkeit

III. Schuld

IV. Persönliche Strafausschließungs- und -aufhebungsgründe
1. Rücktritt, § 24 ⇨ *Vor § 24*
2. Absehen von Strafe, § 23 III

§ 22 Begriffsbestimmung

Versuch	Vollständiges Vorliegen des subjektiven ohne Vorliegen des objektiven Tatbestands; Deliktsstadium zwischen Vorbereitung und Vollendung	1

2	Vorbereitung	ist alles, was die für später geplante Ausführung nur ermöglichen oder erleichtern soll.
3	Vollendung	tritt ein, sobald sämtliche Tatbestandsmerkmale erfüllt sind.
4	Unmittelbares Ansetzen	liegt vor, wenn objektiv bereits eine Rechtsgutsgefährdung eingetreten ist und der Täter subjektiv die Schwelle zum „Jetzt-geht-es-los“ überschritten hat.
5	Rechtsgutsgefährdung	ist gegeben, wenn die Handlung des Täters ohne weitere wesentliche Zwischenschritte („unmittelbar“) in die Tatbestandsverwirklichung einmünden soll.
6	Tatentschluss	Subjektiver Tatbestand des Versuchs

§ 23 Strafbarkeit des Versuchs

1	Verbrechen	Rechtswidrige Taten, die im Mindestmaß mit Freiheitsstrafe von einem Jahr oder mehr bedroht sind (§ 12 I)
2	Vergehen	Rechtswidrige Taten, die im Mindestmaß mit einer geringeren Freiheitsstrafe als einem Jahr oder mit Geldstrafe bedroht sind (§ 12 II)
3	Vollendung	tritt ein, sobald sämtliche Tatbestandsmerkmale erfüllt sind (siehe § 22).
4	Untauglicher Versuch	Versuch, der überhaupt nicht zur Vollendung führen kann
5	Wahndelikt	liegt vor, wenn der Täter nur irrig die Strafbarkeit annimmt.
6	Grober Unverstand	liegt vor, wenn der Täter von gemeinhin bekannten naturgesetzlichen Zusammenhängen völlig abwegige Vorstellungen hat, deren Unrichtigkeit nach durchschnittlichem Erfahrungswissen offenkundig ist.

Vor § 24 Rücktritt

1 **Aufbauschema**

Beachte: *Dieses Aufbauschema ist ein spezielles Schema für den Prüfungspunkt Persönliche Strafaufhebungsgründe – Rücktritt – im Rahmen einer Versuchsprüfung.*

a) Kein fehlgeschlagener Versuch
b) Geeignete Rücktrittshandlung

– § 24 I 1 Alt. 1	aa) Unbeendeter Versuch bb) Aufgeben der weiteren Tatausführung
– § 24 I 1 Alt. 2	aa) Beendeter Versuch bb) Verhinderung der Vollendung
– § 24 I 2	aa) Beendeter Versuch bb) Tat wird ohne Zutun des Täters nicht vollendet cc) Ernsthaftes Bemühen um Vollendungsverhinderung
– § 24 II 1	aa) Versuch, an dem mehrere beteiligt sind bb) Kausale Erfolgsverhinderung
– § 24 II 2 Alt. 1	aa) Versuch, an dem mehrere beteiligt sind bb) Vollendungsverhinderungsbemühungen des Täters nicht kausal für Nichtvollendung cc) Ernsthaftes Bemühen um Vollendungsverhinderung
– § 24 II 2 Alt. 2	aa) Versuch, an dem mehrere beteiligt sind bb) Tat wird ohne Zutun des Täters vollendet cc) Ernsthaftes Bemühen um Vollendungsverhinderung

c) Freiwilligkeit

§ 24 Rücktritt

Fehlgeschlagener Versuch	liegt vor, wenn die zur Tatausführung vorgenommenen Handlungen ihr Ziel nicht erreicht haben und der Täter erkennt, dass er mit den ihm zur Verfügung stehenden Mitteln den tatbestandlichen Erfolg nicht mehr oder zumindest nicht ohne zeitlich relevante Zäsur herbeiführen kann.	**1**
Unbeendet	ist der Versuch, solange der Täter glaubt, noch nicht alles zur Tatbestandsverwirklichung Erforderliche getan zu haben.	**2**
Beendet	ist der Versuch, sobald der Täter glaubt, alles zur Tatbestandsverwirklichung Erforderliche getan zu haben.	**3**
Aufgeben	Endgültiges Abstandnehmen	**4**
Freiwillig	Aus selbst gesetzten (autonomen) Motiven („Ich will nicht, selbst wenn ich könnte.“)	**5**
Unfreiwillig	Aus heteronomen (fremd veranlassten) Motiven („Ich kann nicht, selbst wenn ich wollte.“)	**6**
Ernsthaftes Bemühen	liegt vor, wenn der Täter alles tut, was aus seiner Sicht zur Erfolgsabwendung geeignet und nötig ist.	**7**

Täterschaft und Teilnahme, §§ 25–31

Vor § 25 Täterschaft

1 **Aufbauschema: Mittelbare Täterschaft, § 25 I Alt. 2**

A. Strafbarkeit des Tatnächsten (Vordermann)

B. Strafbarkeit eines weiteren Beteiligten als mittelbarer Täter

I. Tatbestand

1. Objektiver Tatbestand
   a) Nicht alle Tatbestandsmerkmale in eigener Person selbst (§ 25 I Alt. 1) verwirklicht, aber
   b) Täterqualität
      aa) Kein eigenhändiges Delikt
      bb) Sondereigenschaft bei Sonderdelikten vorhanden
   c) Tatbegehung „durch" einen anderen aufgrund
      aa) Strafbarkeitsdefizits des Tatmittlers, da dieser
         (1) tatbestandslos
         (2) vorsatzlos oder absichtslos
         (3) nicht rechtswidrig oder
         (4) schuldlos bzw. vermindert schuldfähig handelt, oder
      bb) Organisationsherrschaft
2. Subjektiver Tatbestand
   a) Vorsatz bzgl. sämtlicher Merkmale des objektiven Tatbestandes, insb. auch Bewusstsein der eigenen Tatherrschaft bzw. Täterwille
   b) Spezielle Absichten
   c) Sonstige besondere subjektive Merkmale
3. Möglichkeit der Tatbestandsverschiebung, § 28 II

II. Rechtswidrigkeit

III. Schuld

2 **Aufbauschema: Mittäterschaft, § 25 II – gemeinsame Prüfung**

Beachte: *Schema für gemeinsame Prüfung bei exakt gleichen Sachverhaltsangaben oder erforderlicher wechselseitiger Zurechnung, weil kein Täter alle Tatbestandsmerkmale in eigener Person erfüllt und ihm daher Tatbestandsteile zugerechnet werden müssen*

I. Tatbestand

1. Objektiver Tatbestand
   a) Beteiligter verwirklicht nicht alle Tatbestandsmerkmale selbst oder allein, aber

b) Täterqualität
aa) Eigenhändiges Delikt wird eigenhändig begangen
bb) Sondereigenschaft bei Sonderdelikten vorhanden
c) „Gemeinschaftliche" Tatbegehung
aa) Gemeinsamer Tatplan
bb) Gemeinsame (arbeitsteilige) Tatausführung
2. Subjektiver Tatbestand
(Täter 1)
a) Vorsatz bzgl. eigenem Tatbeitrag
b) Bewusstsein der Tatherrschaft bzw. Täterwille
c) Spezielle Absichten und sonstige besondere subjektive Merkmale
(Täter 2)
a) Vorsatz bzgl. eigenem Tatbeitrag
b) Bewusstsein der Tatherrschaft bzw. Täterwille
c) Spezielle Absichten und sonstige besondere subjektive Merkmale
(Täter 3) etc.
3. Möglichkeit der Tatbestandsverschiebung, § 28 II
II. **Rechtswidrigkeit** (für jeden Mittäter getrennt zu prüfen)
III. **Schuld** (für jeden Mittäter getrennt zu prüfen)

Aufbauschema: Mittäterschaft, § 25 II – getrennte Prüfung 3

Beachte: *Schema für getrennte Prüfung – ein Täter erfüllt alle Tatbestandsmerkmale selbst, einem weiteren Mittäter werden Tatbestandsteile zugerechnet*
A. **Strafbarkeit des Tatnächsten**, der alle Tatbestandsmerkmale in seiner Person erfüllt
B. **Strafbarkeit eines weiteren Beteiligten als Mittäter**
I. **Tatbestand**
1. Objektiver Tatbestand
a) Nicht alle Tatbestandsmerkmale in eigener Person selbst (§ 25 I Alt. 1) verwirklicht, aber
b) Täterqualität
aa) Eigenhändiges Delikt wird eigenhändig begangen
bb) Sondereigenschaft bei Sonderdelikten vorhanden
c) „Gemeinschaftliche" Tatbegehung
aa) Gemeinsamer Tatplan
bb) Gemeinsame (arbeitsteilige) Tatausführung
2. Subjektiver Tatbestand
a) Vorsatz bzgl. eigenem Tatbeitrag
b) Bewusstsein der Tatherrschaft bzw. Täterwille
c) Spezielle Absichten und sonstige besondere subjektive Merkmale
3. Möglichkeit der Tatbestandsverschiebung, § 28 II
II. **Rechtswidrigkeit**
III. **Schuld**

§ 25 Täterschaft

1	Unmittelbarer Täter	ist, wer alle Merkmale eines Straftatbestandes selbst verwirklicht (vgl. § 25 I Alt. 1).
2	Mittelbarer Täter	ist, wer eine Tat durch einen anderen als menschliches Werkzeug begeht (vgl. § 25 I Alt. 2).
3	Tatmittler	ist das menschliche Werkzeug, durch das der Hintermann eine Tat begeht.
4	Mittäterschaft	Gemeinschaftliche Begehung einer Straftat durch bewusstes und gewolltes Zusammenwirken (vgl. § 25 II)
5	Sukzessive Mittäterschaft	Bildung eines gemeinsamen Tatplanes erst im Laufe der gemeinsamen Tatausführung
6	Täter hinter dem Täter	ist, wer die Tat durch ein voll verantwortlich handelndes Werkzeug kraft seiner Organisationsherrschaft (etwa in Unrechtsregimen oder anderen vergleichbaren Machtapparaten) begeht.
7	Exzess	Einseitige Überschreitung des gemeinsamen Tatplans
8	Nebentäterschaft	liegt vor, wenn mehrere dasselbe Rechtsgut verletzen, ohne Mittäter, mittelbare Täter, Anstifter oder Gehilfen zu sein.
9	Tatherrschaft	ist das vom Vorsatz umfasste In-den-Händen-Halten des tatbestandsmäßigen Geschehens.

Vor § 26 Anstiftung

1 **Aufbauschema**

A. Strafbarkeit des Haupttäters

B. Strafbarkeit des weiteren Beteiligten als Anstifter

I. Tatbestand

1. Objektiver Tatbestand
   a) Vorsätzlich begangene, rechtswidrige Tat (sog. Haupttat)
   b) Bestimmen
2. Subjektiver Tatbestand
   a) Vorsatz bzgl. (Vollendung der) Haupttat
   b) Vorsatz bzgl. Bestimmen
3. Möglichkeit der Tatbestandsverschiebung, § 28 II

II. Rechtswidrigkeit

III. Schuld

IV. Strafzumessung

Möglichkeit der Strafmilderung, § 28 I

§ 26 Anstiftung

Teilnahme	Anstiftung und Beihilfe (§ 28 I)	**1**
Akzessorietät	bedeutet, dass keine Teilnahme ohne Haupttat möglich ist.	**2**
Limitierte Akzessorietät	bedeutet, dass eine Teilnahme keine schuldhaft begangene Haupttat voraussetzt.	**3**
Bestimmen	Hervorrufen des Tatentschlusses	**4**
Omnimodo facturus	ist der zur Tat bereits fest Entschlossene.	**5**

Vor § 27 Beihilfe

Aufbauschema **1**

A. Strafbarkeit des Haupttäters

B. Strafbarkeit des weiteren Beteiligten als Gehilfe

I. Tatbestand

1. Objektiver Tatbestand
   a) Vorsätzlich begangene, rechtswidrige Tat (sog. Haupttat)
   b) Hilfeleisten
2. Subjektiver Tatbestand
   a) Vorsatz bzgl. (Vollendung der) Haupttat
   b) Vorsatz bzgl. Hilfeleisten
3. Möglichkeit der Tatbestandsverschiebung, § 28 II

II. Rechtswidrigkeit

III. Schuld

IV. Strafzumessung

Strafmilderung, § 27 II, § 28 I

§ 27 Beihilfe

Rechtswidrige Tat	Handlung, die den Tatbestand eines Strafgesetzes verwirklicht (§ 11 I Nr. 5)	**1**
Hilfe	ist jedes Ermöglichen oder Erleichtern der Haupttat.	**2**

§ 28 Besondere persönliche Merkmale

Gelockerte Akzessorietät	bedeutet, dass besondere persönliche („täterbezogene") Merkmale von der Akzessorietät ausgenommen sind.	**1**

2	Besondere persönliche Merkmale	Besondere persönliche Eigenschaften, Verhältnisse oder Umstände (§ 14 I)

§ 30 Versuch der Beteiligung

1	Verbrechen	Rechtswidrige Taten, die im Mindestmaß mit Freiheitsstrafe von einem Jahr oder mehr bedroht sind (§ 12 I)
2	Vergehen	Rechtswidrige Taten, die im Mindestmaß mit einer geringeren Freiheitsstrafe als einem Jahr oder mit Geldstrafe bedroht sind (§ 12 II)
3	Bestimmen	Hervorrufen des Tatentschlusses (siehe § 26)
4	Kettenanstiftung	Anstiftung zur Anstiftung
5	Sichbereiterklären	Ernstgemeinte Kundgabe der vorbehaltlosen Bereitwilligkeit zur Begehung
6	Annahme des Erbietens	Einverständniserklärung damit, dass ein anderer, der sich zur Begehung des Verbrechens bereit erklärt hat, die Tat ausführt
7	Verabredung	Willenseinigung von mindestens zwei Personen zur gemeinsamen, mittäterschaftlichen Ausführung eines Verbrechens oder einer gemeinsamen Anstiftung

§ 31 Rücktritt vom Versuch der Beteiligung

1	Bestimmen	Hervorrufen des Tatentschlusses (siehe § 26)
2	Aufgeben	Endgültiges Abstandnehmen (siehe § 24)
3	Sichbereiterklären	Ernstgemeinte Kundgabe der vorbehaltlosen Bereitwilligkeit zur Begehung (siehe § 30)
4	Verabredung	Willenseinigung von mindestens zwei Personen zur gemeinsamen, mittäterschaftlichen Ausführung eines Verbrechens oder einer gemeinsamen Anstiftung (siehe § 30)
5	Verbrechen	Rechtswidrige Taten, die im Mindestmaß mit Freiheitsstrafe von einem Jahr oder mehr bedroht sind (§ 12 I)
6	Freiwillig	Aus selbst gesetzten (autonomen) Motiven (siehe § 24)
7	Ernsthaftes Bemühen	liegt vor, wenn der Täter alles tut, was aus seiner Sicht zur Erfolgsabwendung geeignet und nötig ist (siehe § 24).

Notwehr und Notstand, §§ 32–35

Vor § 32 Rechtfertigungsgründe

Aufbauschema: Rechtfertigende Einwilligung 1

I. Objektiver Rechtfertigungstatbestand

1. Disponibilität (= Verzichtbarkeit, Leben ist z.B. unverzichtbares Rechtsgut, § 216)
2. Dispositionsbefugnis (z.B. Eltern für Kind)
3. Einwilligungserklärung (ausdrücklich oder konkludent; vor der Tat erklärt und bei der Tat noch wirksam)
4. Einwilligungsfähigkeit des Einwilligenden (Fähigkeit, Bedeutung und Tragweite des Rechtsgutsverzichts zu erkennen und danach zu handeln, unabhängig von Geschäftsfähigkeit ⇔ tatbestandsausschließendes Einverständnis: dort genügt natürliche Willensfähigkeit)
5. Keine Willensmängel (⇔ tatbestandsausschließendes Einverständnis: dort reicht tatsächliches Vorliegen unabhängig von Willensmängeln aus, solange das Einverständnis freiwillig zustande kommt)
6. (Bei Körperverletzung) Einwilligung nicht sittenwidrig, § 228

II. Subjektiver Rechtfertigungstatbestand

Handeln in Kenntnis und aufgrund der Einwilligung

Aufbauschema: Mutmaßliche Einwilligung 2

I. Subsidiarität der mutmaßlichen Einwilligung

1. Ausdrückliche Einwilligung nicht oder nicht schnell genug zu erlangen
2. Entgegenstehender Wille des Rechtsgutsinhaber weder bekannt noch erkennbar

II. Objektiver Rechtfertigungstatbestand

1. Disponibilität des verletzten Rechtsguts
2. Einwilligungsfähigkeit des Einwilligenden
3. Handeln im materiellen Interesse des Rechtsgutsinhabers oder Handeln im mangelnden Interesse des Rechtsgutsinhabers

III. Subjektiver Rechtfertigungstatbestand

Handeln (in Kenntnis bzw.) aufgrund der mutmaßlichen Einwilligung

Aufbauschema: Festnahmerecht, § 127 StPO 3

I. Objektiver Rechtfertigungstatbestand

1. Täter auf frischer Tat betroffen oder verfolgt
2. Fluchtverdacht oder Unmöglichkeit sofortiger Identitätsfeststellung
3. Festnahmehandlung

II. Subjektiver Rechtfertigungstatbestand

Festnahmeabsicht

4 **Aufbauschema: Notwehr, § 32**

I. Objektiver Rechtfertigungstatbestand
1. Notwehrlage
   a) Angriff
   b) Gegenwärtigkeit des Angriffs
   c) Rechtswidrigkeit des Angriffs
2. Notwehrhandlung
   a) Verteidigung (nur gegen Angreifer)
   b) Erforderlichkeit
      aa) Geeignetheit zur Beendigung des Angriffs
      bb) Relativ mildestes Mittel
   c) Gebotenheit
      aa) Ausschluss bzw. Einschränkung des Notwehrrechts, z.B.
         (1) Angriff von Kindern, Irrenden, Schuldlosen
         (2) Bagatellangriffe, Unfugabwehr
         (3) Krasses Missverhältnis
         (4) Notwehrprovokation (insb. Absichtsprovokation)
         (5) Innerhalb enger persönlicher Beziehungen
         (6) Sonstige Fallgruppen: Folter, Chantage etc.
      bb) Stufenfolge
         (1) Ausweichen
         (2) Falls nicht möglich: Schutzwehr
         (3) Falls unmöglich oder unwirksam: maßvolle Trutzwehr

II. Subjektiver Rechtfertigungstatbestand
Verteidigungswille (Handeln in Kenntnis und aufgrund der Notwehrlage)

§ 32 Notwehr

1	Notwehrlage	Gegenwärtiger, rechtswidriger Angriff
2	Notwehrhandlung	Erforderliche Verteidigung
3	Angriff	Jede durch menschliches Verhalten drohende Verletzung rechtlich geschützter Interessen
4	Gegenwärtig	ist der Angriff, wenn die Verletzung unmittelbar bevorsteht, begonnen hat oder noch nicht abgeschlossen ist.
5	Rechtswidrig	ist ein Angriff, der nicht durch Rechtfertigungsgründe gedeckt ist.
6	Verteidigung	Abwehr des Angriffs
7	Erforderlich	ist das mildeste unter den sicher wirksamen (geeigneten) Mitteln.

Geboten	ist die Verteidigung nicht, wenn sie aus sozialethischen Gründen eingeschränkt werden muss.	**8**
Verteidigungswille	Subjektives Rechtfertigungselement der Notwehr	**9**
Antizipierte oder Präventivnotwehr	Vorzeitige Notwehrhandlung gegen einen noch nicht gegenwärtigen Angriff	**10**
Nothilfe	Abwendung eines Angriffs, den ein Dritter gegen einen anderen führt	**11**
Erlaubnistatbestandsirrtum	Irrige Annahme von Umständen, die im Falle ihres wirklichen Vorliegens die Voraussetzungen eines anerkannten Rechtfertigungsgrundes ausfüllen würden (siehe § 16)	**12**

Vor § 33 Überschreitung der Notwehr

Aufbauschema: Notwehrexzess **1**

I. Objektive Voraussetzungen
1. Wirklich bestehende Notwehrlage: gegenwärtiger, rechtswidriger Angriff auf ein Rechtsgut
2. Überschreiten der Grenzen der Notwehr
   aa) Eingriff in Rechtsgüter des Angreifers (nicht in Rechtsgüter Dritter)
   bb) Notwehrhandlung aber nicht erforderlich oder nicht geboten

II. Subjektive Voraussetzung
Handeln aus Verwirrung, Furcht oder Schrecken (= asthenische Affekte der Schwäche), nicht: Wut, Hass, Rache (= sthenische Affekte der Stärke).

§ 33 Überschreitung der Notwehr

Intensiver Notwehrexzess	Überschreitung der Grenze der Erforderlichkeit bei der Notwehr	**1**
Extensiver Notwehrexzess	Überschreitung der zeitlichen Grenzen (Gegenwärtigkeit) bei der Notwehr nach hinten (nachzeitiger) oder vorn (vorzeitiger extensiver Notwehrexzess)	**2**
Asthenische Affekte	Affekte der Schwäche (Verwirrung, Furcht, Schrecken)	**3**
Sthenische Affekte	Affekte der Stärke (Wut, Zorn, Kampfeslust)	**4**
Putativnotwehr	Notwehrhandlung bei nur eingebildeter Notwehrlage	**5**
Putativnotwehrexzess	Überschreitung der Grenzen der Notwehr bei nur eingebildeter Notwehrlage	**6**

Vor § 34 Notstand

1 **Aufbauschema: Defensivnotstand, § 228 BGB**

I. Objektiver Rechtfertigungstatbestand
1. Notstandslage
   a) Notstandsfähiges Rechtsgut
   b) Gefahr, die von fremder Sache ausgeht
   c) Gegenwärtigkeit der Gefahr
2. Notstandshandlung
   a) Rettung durch Beschädigung oder Zerstörung der Sache, von der die Gefahr ausgeht
   b) Erforderlichkeit der Rettung
      aa) Geeignetheit zur Gefahrenabwehr
      bb) Relativ mildestes Mittel
   c) Güter- und Interessenabwägung: Schaden nicht außer Verhältnis zur Gefahr

II. Subjektiver Rechtfertigungstatbestand
Rettungswille (Handeln in Kenntnis und aufgrund der Notlage)

2 **Aufbauschema: Aggressivnotstand, § 904 BGB**

I. Objektiver Rechtfertigungstatbestand
1. Notstandslage
   a) Notstandsfähiges Rechtsgut
   b) Gefahr für das Rechtsgut
   c) Gegenwärtigkeit der Gefahr
2. Notstandshandlung
   a) Rettung des Rechtsgutes durch Einwirkung auf fremde Sache
   b) Erforderlichkeit der Einwirkung (nicht anders abwendbar)
      aa) Geeignetheit zur Gefahrenabwehr
      bb) Relativ mildestes Mittel
   c) Güter- und Interessenabwägung: drohender Schaden gegenüber Schaden durch Einwirkung unverhältnismäßig

II. Subjektiver Rechtfertigungstatbestand
Rettungswille (Handeln in Kenntnis und aufgrund der Notlage)

3 **Aufbauschema: Übergesetzlicher Notstand**

I. Objektiver Rechtfertigungstatbestand
1. Notstandslage
2. Notstandshandlung
   a) Handlung nicht gerechtfertigt (§ 34) und nicht entschuldigt (§ 35)
   b) Handlung ist bei ethischer Gesamtbetrachtung das geringere Übel
3. Unzumutbarkeit der Hinnahme der Gefahr

II. Subjektiver Rechtfertigungstatbestand
Handeln zur Abwendung einer schweren Gewissensnot

Aufbauschema: Rechtfertigender Notstand, § 34	4
I. Objektiver Rechtfertigungstatbestand	
1. Notstandslage	
a) Notstandsfähiges Rechtsgut	
b) Gefahr für das Rechtsgut	
c) Gegenwärtigkeit der Gefahr	
2. Notstandshandlung	
a) Rettung des Rechtsgutes (durch Opfern eines anderen)	
b) Erforderlichkeit der Rettung (nicht anders abwendbar)	
aa) Geeignetheit der Gefahrabwehr	
bb) Relativ mildestes Mittel	
c) Güter- und Interessenabwägung Wesentliches Überwiegen des geretteten Gutes	
d) Angemessenheit, § 34 S. 2	
II. Subjektiver Rechtfertigungstatbestand	
Rettungswille (Handeln in Kenntnis und aufgrund der Notlage)	

§ 34 Notstand

Not(stands)lage	Gegenwärtige Gefahr für Rechtsgüter	**1**
Not(stands)handlung	Rettungshandlung	**2**
Rettungswille	Subjektives Rechtfertigungselement des Notstandes	**3**
Freiheit	Fortbewegungsfreiheit	**4**
Anderes Rechtsgut	Jedes rechtlich geschützte Interesse	**5**
Gefahr	Wahrscheinlichkeit eines Schadenseintritts	**6**
Gegenwärtig	ist eine Gefahr, wenn ein Zustand gegeben ist, bei dessen Weiterentwicklung der Eintritt oder die Intensivierung eines Schadens ernstlich zu befürchten ist, sofern nicht alsbald Abwehrmaßnahmen ergriffen werden.	**7**
Nicht anders abwendbar	ist die Gefahr, wenn unter geeigneten Gegenmitteln das relativ mildeste verwendet wird.	**8**
Angemessen	Billigenswert	**9**
Notstandshilfe	Abwendung der Gefahr von einem anderen	**10**
Defensivnotstand	Beschädigung der Sache, von der die Gefahr ausgeht (§ 228 BGB)	**11**
Aggressivnotstand	Beschädigung einer unbeteiligten Sache (§ 904 BGB)	**12**
Staatsnotstand	Gefahr für Rechtsgüter des Staates	**13**

Vor § 35 Entschuldigender Notstand

1

Aufbauschema
I. Objektive Voraussetzung
1. Notstandslage
a) Notstandsfähiges Rechtsgut in Form von Leib, Leben oder Freiheit
b) Gefahr für das Rechtsgut
c) Gegenwärtigkeit der Gefahr
d) Nähebeziehung
2. Notstandshandlung
a) Rettung des Rechtsgutes(durch Opfern eines anderen)
b) Erforderlichkeit der Rettung (nicht anders abwendbar)
aa) Geeignetheit zur Gefahrabwehr
bb) Relativ mildestes Mittel
3. Hinnahme der Gefahr nicht zumutbar
a) Keine Selbstverursachung der Gefahr
b) Kein besonderes Rechtsverhältnis mit erhöhter Gefahrtragungspflicht
II. Subjektive Voraussetzung
Rettungswille

§ 35 Entschuldigender Notstand

1	Not(stands)lage	Gegenwärtige Gefahr für Rechtsgüter
2	Not(stands)handlung	Rettungshandlung
3	Rettungswille	Subjektives Rechtfertigungselement des Notstandes
4	Gefahr	Wahrscheinlichkeit eines Schadenseintritts
5	Gegenwärtig	ist eine Gefahr, wenn ein Zustand gegeben ist, bei dessen Weiterentwicklung der Eintritt oder die Intensivierung eines Schadens ernstlich zu befürchten ist, sofern nicht alsbald Abwehrmaßnahmen ergriffen werden.
6	Nicht anders abwendbar	ist die Gefahr, wenn unter geeigneten Gegenmitteln das relativ mildeste verwendet wird.
7	Angehöriger	Z.B. Verwandte und Verschwägerte gerader Linie, Ehegatten, Verlobte, Geschwister (§ 11 I Nr. 1)
8	Nahestehende Person	Person, zu der eine auf Dauer angelegte persönliche Beziehung besteht, die über den üblichen Sozialkontakt des Alltagslebens hinausgeht

Nötigungsnotstand	ist für denjenigen gegeben, der gegen seinen Willen genötigt wird, eine strafbare Handlung zu begehen.	**9**
Besonderes Rechtsverhältnis	Besondere Gefahrtragungspflicht gegenüber der Allgemeinheit aufgrund beruflicher Tätigkeit, Übernahme einer Schutzaufgabe, Gesetzes oder Gewohnheitsrechts	**10**

Rechtsfolgen der Tat
Strafbemessung bei mehreren Gesetzesverletzungen, §§ 52–55

§ 52 Tateinheit

Idealkonkurrenz	Tateinheit	**1**
Ungleichartige Idealkonkurrenz	liegt vor, wenn eine Handlung mehrere Strafgesetze verletzt.	**2**
Gleichartige Idealkonkurrenz	liegt vor, wenn eine Handlung dasselbe Strafgesetz mehrfach verletzt.	**3**
Gesetzeskonkurrenz	Gesetzeseinheit	**4**
Gesetzeseinheit	Spezialität, Subsidiarität und Konsumtion	**5**
Handlung im natürlichen Sinn	liegt vor, wenn ein Willensentschluss eine Körperbewegung hervorruft.	**6**
Rechtliche Handlungseinheit	liegt vor, wenn mehrere Handlungen im natürlichen Sinne durch den Tatbestand des Gesetzes zu einer Bewertungseinheit verknüpft werden.	**7**
Tatbestandliche Handlungseinheit	liegt u.a. vor bei mehraktigen oder zusammengesetzten Delikten, die auf mehreren Einzelhandlungen im natürlichen Sinn aufbauen, bei schrittweise erfolgender (sukzessiver) oder wiederholter (iterativer) Tatbestandserfüllung (in engem räumlichen und zeitlichen Zusammenhang).	**8**
Natürliche Handlungseinheit	ist gegeben, wenn mehrere, im Wesentlichen gleichartige Verhaltensweisen aufgrund ihres räumlich-zeitlichen Zusammenhangs so eng miteinander verbunden sind, dass sie bei natürlicher Betrachtung als eine Einheit erscheinen.	**9**

10	Fortgesetzte Tat	(Inzwischen abgeschaffte) Figur zur Begründung der Tateinheit, bei der derselbe Täter dasselbe Rechtsgut durch im Wesentlichen gleichartige Begehungsweise, von einem Gesamtvorsatz getragen, mehrfach hintereinander verletzte.
11	Spezialität	liegt vor, wenn jeder Fall, der die speziellere Norm (lex specialis) erfüllt, auch die Voraussetzungen der weiteren (allgemeineren) Norm (lex generalis) erfüllt (logischer Einschluss).
12	Konsumtion	liegt vor, wenn der eine Tatbestand den anderen nicht notwendig und zwingenderweise (wie bei der Spezialität), sondern nur regelmäßiger- oder typischerweise mit einschließt (wertender Einschluss).
13	Subsidiarität	ist gegeben, wenn ein Gesetz zurücktritt, das aufgrund einer ausdrücklichen Vorschrift (Subsidiaritätsklausel) oder sonst erkennbar nur für den Fall gelten soll, dass kein anderes Gesetz eingreift.
14	Klammerwirkung	tritt ein, wenn zwei Delikte, die selbst nicht in Tateinheit zueinander stehen, jeweils in Tateinheit zu einem dritten stehen.
15	Dauerdelikt	ist ein Delikt, dessen Tatbestand nicht nur in der Begründung eines rechtswidrigen Zustandes, sondern auch in dessen Aufrechterhaltung besteht und das erst mit Aufhebung dieses Zustandes endet.
16	Absorption	bedeutet, dass sich die Strafe nach dem Gesetz bestimmt, das die schwerste Strafe androht (vgl. § 52 II 1).

§ 53 Tatmehrheit

1	Realkonkurrenz	Tatmehrheit
2	Tatmehrheit	liegt vor, wenn der Täter mehrere selbstständige Straftaten begangen hat.
3	Unechte Realkonkurrenz	Gesetzeskonkurrenz bei Handlungsmehrheit (mitbestrafte Vor- und Nachtat)
4	Gesamtstrafe	ist die bei Tatmehrheit durch Erhöhung der schwersten Einzelstrafe gebildete Strafe.

Einsatzstrafe	ist die verwirkte höchste Einzelstrafe.	5
Einzelstrafe	heißen die für die verschiedenen Taten festgesetzten Strafen, die Eingang in die Gesamtstrafe finden.	6
Mitbestrafte Nachtat	liegt vor, wenn sich die zweite Tat in der Auswertung oder Sicherung der ersten erschöpft, ohne dass der schon angerichtete Schaden wesentlich erweitert oder ein neues Rechtsgut verletzt wird.	7
Mitbestrafte Vortat	liegt vor, wenn sie in der Nachtat aufgeht, weil sie gewissermaßen nur deren Durchgangsstadium ist.	8

§ 54 Bildung der Gesamtstrafe

Asperation	Erhöhung der verwirkten höchsten Einzelstrafe (vgl. § 54 I 2)	1

Verwarnung mit Strafvorbehalt; Absehen von Strafe, § 59–60

§ 60 Absehen von Strafe

Verfehlt	ist die Verhängung der Strafe, wenn diese unter keinem ihrer Leitgesichtspunkte eine sinnvolle Funktion hätte.	1
Offensichtlich	ist, was sich dem verständigen Betrachter unmittelbar aufdrängt.	2

Strafantrag, Ermächtigung, Strafverlangen, §§ 77–77e

§ 77 Antragsberechtigte

Antrag	Erklärung des Strafantragsberechtigten, dass er ein strafrechtliches Einschreiten wegen einer bestimmten Straftat wünsche, deren Verfolgung das Gesetz von einem Strafantrag abhängig macht	1

2	Offizialdelikt	Straftat, die unabhängig vom Willen des Verletzten von Amts wegen verfolgt wird
3	Antragsdelikt	Straftaten, zu deren Strafverfolgung grds. ein Strafantrag erforderlich ist
4	Verletzter	ist, in wessen Rechtskreis eingegriffen wurde.
5	Angehöriger	Z.B. Verwandte und Verschwägerte gerader Linie, Ehegatten, Verlobte, Geschwister (§ 11 I Nr. 1)
6	Beteiligt	ist, wer Täter oder Teilnehmer ist (vgl. § 28 II).
7	Gesetzlicher Vertreter	Person, deren Vertretungsmacht auf gesetzlichen Bestimmungen beruht (siehe § 14)

§ 77b Antragsfrist

1	Antragsberechtigter	Person, die kraft Gesetzes antragsberechtigt ist
2	Kenntnis	Mehr als Verdacht und weniger als Gewissheit
3	Tat	Tatbestandsmäßige, rechtswidrige und schuldhafte Handlung

§ 77c Wechselseitig begangene Taten

1	Wechselseitig	sind solche Taten, die gegeneinander begangen werden, bei denen jeder im Verhältnis zum anderen Täter und Verletzter ist.
2	Letztes Wort	ist die nach § 258 II StPO zum Schluss der Hauptverhandlung einzuräumende Möglichkeit des Angeklagten zur Äußerung.
3	Rechtszug	(lateinisch: Instanz) ist der Verfahrensabschnitt eines Rechtsstreits vor einem bestimmten, meist im Über- oder Unterordnungsverhältnis zu einem anderen stehenden Gericht.

Besonderer Teil

Widerstand gegen die Staatsgewalt, §§ 110–122

§ 111 Öffentliche Aufforderung zu Straftaten

Rechtswidrige Tat	Nach Bundes- oder Landesrecht mit Strafe und nicht lediglich mit Geldbuße bedrohte vorsätzliche Tat	**1**
Auffordern	An die Motivation Dritter gerichtete Erklärung, die erkennbar ein bestimmtes Verhalten verlangt	**2**
Bestimmtheit	bedeutet, dass die Tat der Art nach gekennzeichnet sein muss, aber weniger konkretisiert sein kann als bei § 26 oder § 30.	**3**
Öffentlich	In einer Weise, dass ein größerer, individuell nicht feststehender oder jedenfalls durch persönliche Beziehungen nicht verbundener Personenkreis die Möglichkeit der Wahrnehmung hat	**4**
Versammlung	Zu einem bestimmten Zweck räumlich vereinigte Personenmehrheit	**5**
Verbreiten	Einem großen Personenkreis zugänglich machen	**6**

Vor § 113 Widerstand gegen Vollstreckungsbeamte

1 **Aufbauschema**

I. Tatbestand
1. Objektiver Tatbestand
   a) Tatobjekt
      aa) Amtsträger oder Soldat der Bundeswehr
      bb) Gleichgestellte Person i.S.d. § 114
   b) Tatsituation: Bei Vornahme einer Diensthandlung
   c) Tathandlung
      aa) Alt. 1: Widerstand leisten mit Gewalt oder Drohung mit Gewalt
      bb) Alt. 2: Tätlicher Angriff
2. Subjektiver Tatbestand
3. Objektive Bedingung der Strafbarkeit
   Rechtmäßigkeit der Diensthandlung, § 113 III 1
   a) Amtsträger sachlich und örtlich zuständig
   b) Wesentlichen Förmlichkeiten eingehalten
   c) Pflichtgemäße Ermessensausübung

II. Rechtswidrigkeit

III. Schuld
1. Allgemeine Schuldmerkmale
2. Schuldausschluss bei irriger Annahme der Rechtswidrigkeit der Diensthandlung, § 113 IV 2, wenn
   a) Irrtum unvermeidbar und
   b) Abwehr durch Rechtsbehelfe unzumutbar

IV. Strafzumessung
Besonders schwere Fälle, § 113 II (Regelbeispiele)

Nr. 1: a) Objektiv
      aa) Waffe
      bb) Beisichführen
   b) Subjektiv
      aa) Vorsatz (analog § 15)
      bb) Verwendungsabsicht

Nr. 2: a) Objektiv
      aa) Gewalttätigkeit
      bb) Gefahr des Todes oder schwerer Gesundheitsschädigung für den Angegriffenen
   b) Subjektiv
      Vorsatz bzgl. Gewalttätigkeit und Gefährdung

§ 113 Widerstand gegen Vollstreckungsbeamte

Amtsträger	Wer nach deutschem Recht Beamter oder Richter ist, in einem sonstigen öffentlich-rechtlichen Amtsverhältnis steht oder sonst zur Wahrnehmung öffentlicher Aufgaben bestellt ist (§ 11 I Nr. 2)	**1**
Zur Vollstreckung berufen	ist, wer im Einzelfall die Befugnis hat, den Staatswillen zu verwirklichen und durchzusetzen.	**2**
Vollstreckungshandlung	Tätigkeit, bei der der konkretisierte staatliche Wille durch eine dazu berufene Person – notfalls mit staatlichem Zwang – verwirklicht werden soll	**3**
Bei Vornahme	bedeutet, dass die Vollstreckungshandlung unmittelbar bevorstehen oder begonnen haben muss und noch nicht beendet sein darf.	**4**
Widerstand leisten	Aktive Tätigkeit gegenüber dem Vollstreckungsbeamten, mit der die Durchführung einer Vollstreckungsmaßnahme verhindert oder erschwert werden soll	**5**
Gewalt	Körperliche Kraftentfaltung zur Überwindung eines geleisteten oder erwarteten Widerstands	**6**
Drohung	Inaussichtstellung eines zukünftigen Übels, auf das der Drohende Einfluss zu haben vorgibt (siehe § 240)	**7**
Tätlicher Angriff	Jede in feindseliger Absicht unmittelbar auf den Körper des anderen zielende Einwirkung ohne Rücksicht auf ihren Erfolg	**8**
Waffe	(im technischen Sinne) ist jeder Gegenstand, der seiner Bauart nach dazu bestimmt ist, erhebliche Verletzungen beizubringen (siehe § 224).	**9**
Beisichführen	Zu irgendeinem Zeitpunkt der Tat Zugriff darauf haben (siehe § 244)	**10**
Schwere Gesundheitsschädigung	Langwierige ernste Krankheit oder erhebliche Beeinträchtigung der Arbeitsfähigkeit für längere Zeit (siehe § 221)	**11**
Beteiligter	Täter oder Teilnehmer (§ 28 II)	**12**
Verwenden	Jeder zweckgerichtete Einsatz (siehe § 250)	**13**
Gewalttätigkeit	Physische Aggression unmittelbar gegen den Körper	**14**

15	Rechtmäßig	ist die Diensthandlung nach dem strafrechtlichen Rechtswidrigkeitsbegriff, wenn der Amtsträger sachlich und örtlich zuständig ist, die wesentlichen Förmlichkeiten eingehalten wurden und eine pflichtgemäße Ermessensausübung vorliegt.

§ 120 Gefangenenbefreiung

1	Gefangener	Wer auf behördliche Anordnung zum Zwecke der Ahndung einer Verfehlung in einer deutschen Anstalt verwahrt wird
2	Befreien	Jede Form der Aufhebung einer behördlich angeordneten Verwahrung
3	Verleiten	Bestimmendes Einwirken auf den Willen des anderen mit beliebigen Mitteln
4	Fördern	Ermöglichen der Befreiung oder Erleichtern ihrer Durchführung
5	Amtsträger	Wer nach deutschem Recht Beamter oder Richter ist, in einem sonstigen öffentlich-rechtlichen Amtsverhältnis steht oder sonst zur Wahrnehmung öffentlicher Aufgaben bestellt ist (§ 11 Nr. 2)
6	Für den öffentlichen Dienst besonders Verpflichteter	Wer, ohne Amtsträger zu sein, bei einer Behörde oder für eine sonstige Stelle, die Aufgaben der öffentlichen Verwaltung wahrnimmt, oder bei einem Verband oder sonstigem Zusammenschluss, Betrieb oder Unternehmen, die für eine Behörde oder für eine sonstige Stelle Aufgaben der öffentlichen Verwaltung ausführen, beschäftigt oder für sie tätig und auf gewissenhafte Erfüllung seiner Obliegenheiten auf Grund eines Gesetzes förmlich verpflichtet ist (§ 11 I Nr. 4)

§ 121 Gefangenenmeuterei

1	Gefangener	Wer auf behördliche Anordnung zum Zwecke der Ahndung einer Verfehlung in einer deutschen Anstalt verwahrt wird (siehe § 120)

Zusammenrotten	Zusammentreten zu einem gemeinschaftlichen, bedrohlichen oder gewalttätigen Handeln	**2**
Mit vereinten Kräften	Das Droh- und Aggressionspotential zusammengefasst einsetzend	**3**
Anstaltsbeamter	Im Dienst der betroffenen Anstalt stehender Amtsträger	**4**
Amtsträger	Wer nach deutschem Recht Beamter oder Richter ist, in einem sonstigen öffentlich-rechtlichen Amtsverhältnis steht oder sonst zur Wahrnehmung öffentlicher Aufgaben bestellt ist (§ 11 Nr. 2)	**5**
Tätlicher Angriff	Jede in feindseliger Absicht unmittelbar auf den Körper des anderen zielende Einwirkung ohne Rücksicht auf ihren Erfolg (siehe § 113)	**6**
Gewaltsam	ist jede nicht ordnungsgemäße Beseitigung oder Überwindung der Abschlusseinrichtung.	**7**
Ausbrechen	Überwinden oder Beseitigen einer physischen Abschlusseinrichtung gegen das Entweichen	**8**
Abschlusseinrichtung	ist alles, was an der Erlangung der Freiheit hindert, unabhängig von der Widmung.	**9**
Verhelfen	Fördern des Entweichens eines anderen	**10**
Waffe	(im technischen Sinne) ist jeder Gegenstand, der seiner Bauart nach dazu bestimmt ist, erhebliche Verletzungen herbeizuführen (siehe § 224)	**11**
Schusswaffe	Waffe im technischen Sinne, bei der ein Projektil durch einen Lauf getrieben wird	**12**
Beisichführen	Zu irgendeinem Zeitpunkt der Tat Zugriff darauf haben (siehe § 244)	**13**
Gewalttätigkeit	Physische Aggression unmittelbar gegen den Körper (siehe § 113)	**14**
Schwere Gesundheitsschädigung	Langwierige ernste Krankheit oder erhebliche Beeinträchtigung der Arbeitsfähigkeit für längere Zeit (siehe § 221)	**15**

Straftaten gegen die öffentliche Ordnung, §§ 123–145d

Vor § 123 Hausfriedensbruch

1 **Aufbauschema**

I. Tatbestand
1. Objektiver Tatbestand
   a) Tatobjekt i.S.d. § 123 (Wohnung etc.)
   b) Tathandlung
      aa) Alt. 1: Eindringen
      bb) Alt. 2: Sich nicht entfernen
2. Subjektiver Tatbestand

II. Rechtswidrigkeit („widerrechtlich" bzw. „ohne Befugnis")

III. Schuld

IV. Strafverfolgungsvoraussetzung
Strafantrag, § 123 II

§ 123 Hausfriedensbruch

1	Wohnung	Räumlichkeit, die bestimmungsgemäß – auch nur vorübergehend – zur Unterkunft von Menschen dient
2	Geschäftsraum	Räumlichkeit, die für gewisse Zeit oder dauernd gewerblichen, künstlerischen, wissenschaftlichen oder ähnlichen Zwecken, nicht notwendig erwerbswirtschaftlicher Art, dient
3	Befriedetes Besitztum	Grundstück, das äußerlich erkennbar durch zusammenhängende, nicht unbedingt lückenlose Schutzwehren gegen das willkürliche Betreten durch andere gesichert ist
4	Zum öffentlichen Dienst	bestimmt sind Räume, in denen bestimmungsgemäß auf öffentlichrechtlichen Vorschriften beruhende Tätigkeiten ausgeübt werden.

Zum öffentlichen Verkehr	bestimmt sind Räume, die dem allgemein zugänglichen, von der öffentlichen Hand oder privaten Unternehmen angebotenen Personen- und Gütertransportverkehr dienen.	5
Eindringen	Betreten gegen oder ohne den Willen des Berechtigten mit mindestens einem Körperteil	6
Sich nicht entfernen	Verweilen trotz konkludenter oder ausdrücklicher Aufforderung des Hausrechtsinhabers, den Ort zu verlassen	7

§ 124 Schwerer Hausfriedensbruch

Menschenmenge	Räumlich zusammengeschlossene, zahlenmäßig nicht ohne weiteres überschaubare Personenmehrheit	1
Zusammenrotten	Zusammentreten zu einem gemeinschaftlichen, bedrohlichen oder gewalttätigen Handeln (siehe § 121)	2
Öffentlich	In einer Weise, dass ein größerer, individuell nicht feststehender oder jedenfalls durch persönliche Beziehungen nicht verbundener Personenkreis die Möglichkeit der Teilnahme hat	3
Teilnehmen	Derart in räumlichem Zusammenhang mit der Menge stehen, dass man für einen objektiven Beobachter als ihr Bestandteil erscheint	4
Eindringen	Betreten gegen oder ohne den Willen des Berechtigten mit mindestens einem Körperteil (siehe § 123)	5
Gewalttätigkeiten	Physische Aggression unmittelbar gegen den Körper (siehe § 113)	6
Absicht	Zielgerichtetes Wollen in dem Sinne, dass es dem Täter gerade darauf ankommt, den Erfolg herbeizuführen (siehe § 15)	7

§ 125 Landfriedensbruch

Gewalttätigkeit	Physische Aggression unmittelbar gegen den Körper (siehe § 113)	1

2	Bedrohung	Inaussichtstellen eines zukünftigen Übels, auf das der Drohende Einfluss zu haben vorgibt (siehe § 241)
3	Menschenmenge	Räumlich zusammengeschlossene, zahlenmäßig nicht ohne weiteres überschaubare Personenmehrheit (siehe § 124)
4	Öffentliche Sicherheit	umfasst den Schutz zentraler Rechtsgüter wie Leben, Gesundheit, Freiheit, Ehre, Eigentum und Vermögen des Einzelnen sowie die Unversehrtheit der Rechtsordnung und der staatlichen Einrichtungen.
5	Mit vereinten Kräften	Das Droh- und Aggressionspotential zusammengefasst einsetzend (siehe § 121)
6	Einwirken	Jede Art von Einflussnahme auf den Willen

§ 125a Besonders schwerer Fall des Landfriedensbruchs

1	Schusswaffe	Waffe im technischen Sinne, bei der ein Projektil durch einen Lauf getrieben wird (siehe § 121)
2	Waffe	(im technischen Sinne) ist jeder Gegenstand, der seiner Bauart nach dazu bestimmt ist, erhebliche Verletzungen beizubringen (siehe § 224).
3	Verwenden	Jeder zweckgerichtete Einsatz (siehe § 250)
4	Plündern	Stehlen oder Abnötigen fremder beweglicher Sachen unter Ausnutzung der hervorgerufenen Unordnung
5	Bedeutender Schaden	Ab ca. 750–1.000 Euro
6	Sache	Körperlicher Gegenstand (§ 90 BGB)
7	Fremd	Zumindest auch im Eigentum eines anderen stehend (siehe § 242)

§ 130 Volksverhetzung

1	Teile der Bevölkerung	Minderheiten, die sich aufgrund gemeinsamer äußerer oder innerer Merkmale von der Gesamtbevölkerung unterscheiden

Aufstacheln zum Hass	Verstärktes, auf die Gefühle des Adressaten abzielendes Anreizen zu einer emotional gesteigerten feindseligen Haltung	**2**
Auffordern	An die Motivation Dritter gerichtete Erklärung, die erkennbar ein bestimmtes Verhalten verlangt (siehe § 111)	**3**
Beschimpfen	Nach Inhalt oder Form besonders herabsetzende Kundgabe der Missachtung	**4**
Verächtlich machen	Auf verwerflichen Motiven beruhende Darstellung anderer als verachtenswert, minderwertig oder unwürdig	**5**
Verleumden	Aufstellen oder Verbreiten wissentlich unwahrer Tatsachenbehauptungen, die das Ansehen des Bevölkerungsteils herabsetzen	**6**
Schriften	Zusammenstellung von Zeichen, die durch Augen oder Tastsinn wahrnehmbar sind und Gedankeninhalte verkörpern (siehe § 11)	**7**
Verbreiten	Körperliches Weitergeben	**8**
Öffentlich zugänglich machen	Ermöglichung des Zugriffs auf die Information für eine unbestimmte Personenanzahl	**9**
Billigen	Ausdrückliches oder konkludentes Gutheißen	**10**
Leugnen	Bestreiten von Tatsachen	**11**
Verharmlosen	Bagatellisieren des Unwerts	**12**

§ 132 Amtsanmaßung

Öffentliches Amt	Nicht rein fiskalische Tätigkeit als Organ der Staatsgewalt im unmittelbaren oder mittelbaren Dienst von Bund, Ländern oder Gemeinden	**1**
Ausüben	Sich gegenüber Dritten als Amtsinhaber ausgeben und sich so verhalten, als nehme man Aufgaben und Befugnisse einer ihm verliehenen Amtsstellung wahr	**2**
Vornehmen	Handeln unter dem objektiven Anschein einer hoheitlichen Handlung, ohne dass sich der Täter persönlich als Amtsträger ausgeben muss	**3**

Vor § 133 Verwahrungsbruch

1 **Aufbauschema**

I. Tatbestand
1. Objektiver Tatbestand
   a) Tatobjekt
      aa) Schriftstück oder andere bewegliche Sache
      bb) Abs. 1: dienstliche Verwahrung
      cc) Abs. 2: amtliche Verwahrung von Kirchen etc.
   b) Tathandlung: Zerstören, Beschädigen, Unbrauchbarmachen, der dienstlichen (bzw. amtlichen) Verfügung entziehen
2. Subjektiver Tatbestand

II. Rechtswidrigkeit

III. Schuld

Beachte: *Qualifikation, § 133 III*

§ 133 Verwahrungsbruch

1	Schriftstück	Schriftträger wie Papiere oder andere Sachen, auf denen schriftlich, gedruckt oder geschrieben Gedanken ausgedrückt sind
2	Sache	Körperlicher Gegenstand (§ 90 BGB)
3	Dienstliche Verwahrung	Durch einen Hoheitsträger ausgeübter, fürsorglicher Amtsgewahrsam, um die Sache für die Dauer des amtlichen Besitzes in ihrem Bestand unversehrt zu erhalten und vor unbefugtem Zugriff zu bewahren
4	Zerstören	Existenzvernichtung oder vollständiges Aufheben der bestimmungsgemäßen Brauchbarkeit (siehe § 303)
5	Beschädigen	Substanzverletzung oder mehr als nur unerhebliches Herabsetzen der bestimmungsgemäßen Brauchbarkeit (siehe § 303)
6	Unbrauchbar machen	Ausschalten der Wirkungsweise (siehe § 303a)
7	Der dienstlichen Verfügung entziehen	Dem amtlichen Berechtigten den Zugriff unmöglich machen oder erschweren
8	Anvertraut	ist die Sache dem Amtsträger, wenn er sie kraft dienstlicher Anordnung in dem Vertrauen erhält, dass er kraft Amtes für ihren Verbleib, ihre Gebrauchsfähigkeit und inhaltliche Richtigkeit sorge.

Zugänglich geworden	ist die Sache, wenn der Täter im Rahmen seiner dienstlichen Tätigkeit die tatsächliche Verfügungsgewalt über sie erlangen konnte.	**9**

§ 134 Verletzung amtlicher Bekanntmachungen

Schriftstück	Schriftträger wie Papiere oder andere Sachen, auf denen schriftlich, gedruckt oder geschrieben Gedanken ausgedrückt sind (siehe § 133)	**1**
Zerstören	Existenzvernichtung oder vollständiges Aufheben der bestimmungsgemäßen Brauchbarkeit (siehe § 303)	**2**
Beseitigen	Räumliches Entfernen	**3**
Unkenntlich machen	Die Möglichkeit beseitigen, vom gedanklichen Inhalt Kenntnis zu erlangen	**4**
Sinn entstellen	Den gedanklichen Inhalt durch Einfügen oder Entfernen von Teilen verändern	**5**

Vor § 136 Verstrickungsbruch; Siegelbruch

Aufbauschema: Verstrickungsbruch, § 136 I **1**

I. Tatbestand
1. Objektiver Tatbestand
   a) Tatobjekt
   Sache, die gepfändet oder dienstlich in Beschlag genommen ist
   b) Tathandlung
   Zerstören, Beschädigen, Unbrauchbarmachen oder
   ganz oder teilweise der Verstrickung entziehen
2. Subjektiver Tatbestand
3. Objektive Bedingung der Strafbarkeit
   Rechtmäßigkeit der Beschlagnahme, § 136 III 1

II. Rechtswidrigkeit

III. Schuld
1. Allgemeine Schuldmerkmale
2. Schuldausschluss bei irriger Annahme der Rechtswidrigkeit der Beschlagnahme, § 136 IV i.V.m. § 113 IV 2, wenn
   a) Irrtum unvermeidbar und
   b) Abwehr durch Rechtsbehelfe unzumutbar

IV. Strafwürdigkeit/Strafbedürftigkeit
Strafmilderung/Absehen von Strafe, § 136 IV 1 i.V.m. § 113 IV 1, 2

2 **Aufbauschema: Siegelbruch, § 136 II**

I. Tatbestand
1. Objektiver Tatbestand
   a) Tatobjekt
      Dienstliches Siegel, das angelegt ist, um Sachen in Beschlag zu nehmen etc.
   b) Tathandlung
      Beschädigen, Ablösen, Unkenntlichmachen oder Unwirksammachen des Verschlusses
2. Subjektiver Tatbestand
3. Objektive Bedingung der Strafbarkeit
   Rechtmäßigkeit der Anlegung des Siegels, § 136 III 1

II. Rechtswidrigkeit

III. Schuld
1. Allgemeine Schuldmerkmale
2. Schuldausschluss bei irriger Annahme der Rechtswidrigkeit der Diensthandlung, § 136 IV i.V.m. § 113 IV 2, wenn
   a) Irrtum unvermeidbar und
   b) Abwehr durch Rechtsbehelfe unzumutbar

IV. Strafwürdigkeit/Strafbedürftigkeit
Strafmilderung/Absehen von Strafe, § 136 IV 1 i.V.m. § 113 IV 1, 2

§ 136 Verstrickungsbruch; Siegelbruch

1	Sache	Körperlicher Gegenstand (§ 90 BGB)
2	Gepfändet	ist eine Sache, wenn sie zwangsweise zur Sicherung oder Verwirklichung eines vermögensrechtlichen Anspruchs sichergestellt und in Besitz genommen wurde.
3	Dienstlich in Beschlag genommen	ist eine Sache, wenn sie zur Sicherung privater oder öffentlicher Belange zwangsweise bereitgestellt wurde.
4	Der Verstrickung entziehen	Den amtlichen Zugriff unmöglich machen oder erschweren
5	Dienstliches Siegel	Siegelabdruck
6	Beschädigen	Substanzverletzung oder mehr als nur unerhebliches Herabsetzen der bestimmungsgemäßen Brauchbarkeit (siehe § 303)
7	Ablösen	Entfernen
8	Unkenntlich machen	Die Möglichkeit beseitigen, vom gedanklichen Inhalt Kenntnis zu erlangen (siehe § 134)

Unwirksam machen	Die Sperrwirkung des Siegels umgehen oder sonst gegenständlich außer Kraft setzen	9

Vor § 138 Nichtanzeige geplanter Straftaten

Aufbauschema 1

I. Tatbestand
1. Objektiver Tatbestand
   a) Tatsituation
      aa) Vorhaben oder Ausführung
      bb) Katalogtat gem. Abs. 1 bzw. Abs. 2
      cc) Glaubhaft erfahren
      dd) Zeitpunkt, zu dem Ausführung oder Erfolg noch abwendbar
   b) Tathandlung
      aa) Unterlassen der Anzeige
      bb) An den Bedrohten (nur bei Abs.1) oder Behörde
      cc) Rechtzeitig
2. Subjektiver Tatbestand
   a) Vorsatz bzgl. Tatsituation
   b) Vorsatz oder (Abs. 3) Leichtfertigkeit bzgl. Tathandlung

II. Rechtswidrigkeit
1. Allgemeine Rechtfertigungsgründe
2. Freistellung von Geheimnisträgern (III 2, 3) und Geistlichen (§ 139 II)

III. Schuld
1. Allgemeine Schuldmerkmale
2. Bei Leichtfertigkeit: Individuelle/subjektive grobe Sorgfaltspflichtverletzung bei subjektiver Vorhersehbarkeit und Vermeidbarkeit

IV. Strafwürdigkeit/Strafbedürftigkeit
1. Persönliche Strafaufhebungsgründe, § 139 III 1, IV
2. Absehen von Strafe, § 139 I

§ 138 Nichtanzeige geplanter Straftaten

Vorhaben	Jede ernstliche Planung einer konkretisierten Tat	1
Erfahren	Kenntnis erlangen	2
Glaubhaft	ist die Kenntnis, wenn der Täter ihr Glauben schenkt.	3
Rechtzeitig	So zeitig, dass Ausführung oder Erfolg der geplanten Tat noch abgewendet werden kann	4

§ 139 Straflosigkeit der Nichtanzeige geplanter Straftaten

1	Geistlicher	Person, die von staatlich anerkannten Religionsgemeinschaften zu einem Träger geistlicher Ämter bestimmt ist
2	Anvertraut	Im Vertrauen auf die Verschwiegenheitspflicht mitgeteilt (siehe § 203)
3	Ernsthaftes Bemühen	liegt vor, wenn der Täter alles tut, was aus seiner Sicht zur Erfolgsabwendung geeignet und nötig ist (siehe § 24).
4	Abwenden	Handeln des Anzeigepflichtigen, aufgrund dessen der Erfolg ausbleibt

Vor § 142 Unerlaubtes Entfernen vom Unfallort

1 **Aufbauschema**

I. Tatbestand
1. Objektiver Tatbestand
   a) Tatsubjekt: Unfallbeteiligter, § 142 V
   b) Tatsituation: Unfall im öffentlichen Straßenverkehr
   c) Tathandlung
      aa) Abs. 1: Entfernen vom Unfallort
         (Nr. 1) bei Anwesenheit feststellungsbereiter Personen ohne Feststellungen zu ermöglichen oder
         (Nr. 2) bei Abwesenheit feststellungsbereiter Personen vor Wartefristablauf
      bb) Abs. 2: Nicht unverzügliche nachträgliche Ermöglichung von Feststellungen nach Entfernen vom Unfallort
         (Nr. 1) nach Ablauf der Wartefrist oder
         (Nr. 2) nach berechtigtem oder entschuldigtem Entfernen
2. Subjektiver Tatbestand

II. Rechtswidrigkeit

III. Schuld

IV. Persönlicher Strafaufhebungsgrund
Tätige Reue, § 142 IV

§ 142 Unerlaubtes Entfernen vom Unfallort

1	Unfall	Plötzliches, unerwartetes Ereignis im öffentlichen Straßenverkehr, das mit dessen typischen Gefahren in ursächlichem Zusammenhang steht und das zu einem nicht völlig belanglosen Personen- oder Sachschaden führt

Straßenverkehr	Allgemein zugänglicher und für jede Art der Fortbewegung zur Verfügung stehender Verkehrsraum für Fahrzeuge und Fußgänger	2
Unfallbeteiligter	Jeder, dessen Verhalten nach den Umständen zur Verursachung des Unfalls beigetragen haben kann (§ 142 V)	3
Sich entfernen	Verlassen des unmittelbaren Unfallbereichs in einer Weise, dass man von feststellungsbereiten Personen nicht als Beteiligter eingestuft wird	4
Unfallort	Stelle, wo sich der Unfall ereignet hat und die beteiligten Fahrzeuge zum Stehen gekommen sind, samt der unmittelbaren nicht verkehrsgefährdeten Umgebung	5
Unverzüglich	Ohne schuldhaftes Zögern (§ 121 I BGB)	6
Wartefrist	Nach den Umständen angemessene Zeit (§ 142 I Nr. 2)	7
Nicht bedeutender Sachschaden	Nicht körperliche Schäden bis ca. 1.000 Euro	8
Außerhalb des fließenden Verkehrs	Im ruhenden Verkehr, hauptsächlich Unfälle mit geparktem PKW	9

§ 145 Missbrauch von Notrufen und Beeinträchtigung von Unfallverhütungs- und Nothilfemitteln

Notruf oder Notzeichen	Alle akustischen, optischen oder sonstigen Kurzäußerungen, mit denen das Bestehen einer Notlage oder eine erhebliche Gefahr angezeigt wird	1
Missbrauchen	Zweckwidrig einsetzen	2
Vortäuschen	Wahrheitswidrig den Anschein erwecken	3
Warn- oder Verbotszeichen	Bildliche Zeichen und Symbole sowie schriftliche Kurzhinweise privater oder öffentlicher Art	4
Beseitigen	Räumliches Entfernen (siehe § 134)	5
Unkenntlich machen	Die Möglichkeit beseitigen, vom gedanklichen Inhalt Kenntnis zu erlangen (siehe § 134)	6

7	Sinn entstellen	Den gedanklichen Inhalt durch Einfügen oder Entfernen von Teilen verändern (siehe § 134)
8	Schutzvorrichtungen	Alle gegenständlichen Absicherungen einer Gefahrenstelle
9	Rettungsgerät	Zur Rettung bestimmte besondere Gegenstände
10	Verändern	Versetzen in einen von der normalen Funktionsfähigkeit abweichenden, nachteiligen Zustand
11	Unbrauchbar machen	Ausschalten der Wirkungsweise (siehe § 303a)

Vor § 145d Vortäuschen einer Straftat

1 **Aufbauschema**

I. Tatbestand
1. Objektiver Tatbestand
   a) Tathandlung
      aa) Abs. 1: Vortäuschen einer
         (Nr. 1) angeblich begangenen rechtswidrigen Tat oder
         (Nr. 2) des Bevorstehens einer in § 126 I genannten Tat
      bb) Abs. 2: Täuschen über Beteiligten einer
         (Nr. 1) wirklich begangenen rechtswidrigen Tat bzw.
         (Nr. 2) in § 126 I genannten Tat
   b) Täuschungsadressat
      aa) Behörde oder
      bb) zur Entgegennahme von Anzeigen zuständige Stelle
2. Subjektiver Tatbestand
   a) Vorsatz
   b) Kenntnis der Unrichtigkeit (= wider besseres Wissen)

II. Rechtswidrigkeit

III. Schuld

Beachte: *Subsidiaritätsklausel, § 145d I a.E.*

§ 145d Vortäuschen einer Straftat

1	Behörde	Stelle, die Aufgaben der öffentlichen Verwaltung wahrnimmt – auch Gerichte (§ 11 I Nr. 7)
2	Zur Entgegennahme von Anzeigen zuständige Stellen	sind z.B. Staatsanwaltschaft und Polizei (vgl. § 158 I StPO).

Rechtswidrige Tat	Handlung, die den Tatbestand eines Strafgesetzes verwirklicht (§ 11 I Nr. 5)	**3**
Vortäuschen	Erregen oder Bestärken des Verdachts	**4**
Beteiligter	Täter oder Teilnehmer (§ 28 II)	**5**
Wider besseres Wissen	In Kenntnis der Unrichtigkeit	**6**

Geld- und Wertzeichenfälschung, §§ 146–152b

Vor § 146 Geldfälschung

Aufbauschema **1**

I. Tatbestand
1. Objektiver Tatbestand
   a) Tatobjekt
      aa) Falsches Geld (ausländisches: § 152)
      bb) Wertpapiere i.S.d. § 151 (ausländische: § 152)
   b) Tathandlung
      aa) Nr. 1: Nachmachen, Verfälschen
      bb) Nr. 2: Sichverschaffen, Feilhalten
      cc) Nr. 3: Inverkehrbringen als echt
2. Subjektiver Tatbestand
   a) Vorsatz bzgl. der Merkmale des objektiven Tatbestandes
   b) Absicht (der Ermöglichung) des Inverkehrbringens als echt (nicht bei Nr. 3)

II. Rechtswidrigkeit

III. Schuld

Beachte: *Qualifikation, § 146 II*

§ 146 Geldfälschung

Geld	ist jedes von einem Staat oder einer von ihm ermächtigten Stelle als Wertträger beglaubigtes und zum Umlauf im öffentlichen Verkehr bestimmtes Zahlungsmittel.	**1**
Falsch	ist es, wenn es in der konkreten Form nicht vom Inhaber des Monopols stammt, obwohl es diesen Eindruck erweckt.	**2**
Nachmachen	Herstellen von objektiv verwechslungsfähigem Falschgeld mit beliebigen Mitteln und aus beliebigem Material	**3**

4	Verfälschen	Nachträgliche Veränderung des gedanklichen Inhalts echten Geldes, so dass der Anschein eines anderen (höheren) Nominalwertes hervorgerufen wird
5	Sichverschaffen	Erlangen der Verfügungsgewalt
6	Feilhalten	Äußerlich erkennbares Bereithalten zum Zweck des Verkaufs
7	Inverkehrbringen	Jede Handlung, die den Gegenstand aus der Verfügungsgewalt des Täters oder eines Dritten entlässt und einen anderen in die Lage versetzt, mit ihm nach Belieben umzugehen
8	Echt	ist Geld, wenn seine Herstellung durch einen staatlichen Auftrag gedeckt ist.
9	Gewerbsmäßig	handelt, wer die Absicht hat, sich durch wiederholte Tatbegehung eine fortlaufende Einnahmequelle von einiger Dauer und einigem Umfang zu verschaffen (siehe § 243).
10	Bande	Auf ausdrücklicher oder stillschweigender Vereinbarung beruhender Zusammenschluss von mindestens drei Personen (siehe § 244)

§ 147 Inverkehrbringen von Falschgeld

1	Geld	ist jedes von einem Staat oder einer von ihm ermächtigten Stelle als Wertträger beglaubigtes und zum Umlauf im öffentlichen Verkehr bestimmtes Zahlungsmittel (siehe § 146).
2	Falsch	ist es, wenn es in der konkreten Form nicht vom Inhaber des Monopols stammt, obwohl es diesen Eindruck erweckt (siehe § 146).
3	Inverkehrbringen	Jede Handlung, die Falschgeld aus der Verfügungsgewalt des Täters oder eines Dritten entlässt und einen anderen in die Lage versetzt, mit ihm nach Belieben umzugehen (siehe § 146)
4	Echt	ist Geld, wenn seine Herstellung durch einen staatlichen Auftrag gedeckt ist (siehe § 146).

§ 148 Wertzeichenfälschung

Amtliche Wertzeichen	Vom Staat, von einer Gebietskörperschaft oder einer sonstigen Körperschaft des öffentlichen Rechts unter öffentlicher Autorität ausgegebene Marken oder ähnliche Zeichen, die einen bestimmten Geldwert verkörpern, öffentlichen Glauben genießen und die Zahlung von Steuern, Abgaben, Gebühren, Beiträgen etc. erleichtern, sichern und kenntlich machen	1
Nachmachen	Herstellen von objektiv verwechslungsfähigem Falschgeld mit beliebigen Mitteln und aus beliebigem Material (siehe § 146)	2
Inverkehrbringen	Jede Handlung, die Falschgeld aus der Verfügungsgewalt des Täters oder eines Dritten entlässt und einen anderen in die Lage versetzt, mit ihm nach Belieben umzugehen (siehe § 146)	3
Feilhalten	Äußerlich erkennbares Bereithalten zum Zweck des Verkaufs (siehe § 146)	4
Verwenden	Bestimmungsgemäß gebrauchen	5

Vor § 152a Fälschung von Zahlungskarten etc.

Aufbauschema 1

I. Tatbestand

1. Objektiver Tatbestand
   a) Nr. 1:
      aa) Tatobjekt: Inländische oder ausländische Zahlungskarte (Zwei-Partner-System), Scheck oder Wechsel
      bb) Tathandlung: Nachmachen, Verfälschen
   b) Nr. 2:
      aa) Tatobjekt: Falsche inländische oder ausländische Karte oder Scheck oder Wechsel i.S.der Nr. 1
      bb) Tathandlung: Sichverschaffen, Feilhalten, Überlassen oder Gebrauchen
2. Subjektiver Tatbestand
   a) Vorsatz
   b) Absicht (der Ermöglichung) der Täuschung (bzw. der fälschlichen Beeinflussung einer Datenverarbeitung, § 270) im Rechtsverkehr

II. Rechtswidrigkeit

III. Schuld

Beachte: *Qualifikation, § 152a III*

§ 152a Fälschung von Zahlungskarten, Schecks und Wechseln

1	Zahlungskarte	Karte, die von einem Kreditinstitut oder Finanzdienstleistungsinstitut herausgegeben wurde und durch Ausgestaltung oder Codierung besonders gegen Nachahmung gesichert ist (§ 152a IV)
2	Nachmachen	Herstellen von objektiv verwechslungsfähigem Falschgeld mit beliebigen Mitteln und aus beliebigem Material (siehe § 146)
3	Verfälschen	Nachträgliche Veränderung des gedanklichen Inhalts echten Geldes, so dass der Anschein eines anderen (höheren) Nominalwertes hervorgerufen wird (siehe § 146)
4	Sichverschaffen	Erlangen der Verfügungsgewalt (siehe § 146)
5	Feilhalten	Äußerlich erkennbares Bereithalten zum Zweck des Verkaufs (siehe § 146)
6	Überlassen	Übertragen der tatsächlichen Sachherrschaft
7	Gebrauchen	Verschaffen der Möglichkeit zur Kenntnisnahme (siehe § 267)
8	Bande	Auf ausdrücklicher oder stillschweigender Vereinbarung beruhender Zusammenschluss von mindestens drei Personen (siehe § 244)
9	Gewerbsmäßig	handelt, wer die Absicht hat, sich durch wiederholte Tatbegehung eine fortlaufende Einnahmequelle von einiger Dauer und einigem Umfang zu verschaffen (siehe § 243).

Vor § 152b Fälschung von Zahlungskarten mit Garantiefunktion und Vordrucken für Euroschecks

1 **Aufbauschema**

I. Tatbestand

1. Objektiver Tatbestand
   a) Tatobjekt: Zahlungskarte mit Garantiefunktion (Drei-Partner-System) oder Euroscheckvordruck
   b) Tathandlung: Nachmachen, Verfälschen, Sichverschaffen, Feilhalten, Überlassen, Gebrauchen

2. Subjektiver Tatbestand
   a) Vorsatz
   b) Absicht (der Ermöglichung) der Täuschung (bzw. der fälschlichen Beeinflussung einer Datenverarbeitung, § 270) im Rechtsverkehr

II. Rechtswidrigkeit

III. Schuld

Beachte: *Qualifikation, § 152b II*

§ 152b Fälschung von Zahlungskarten mit Garantiefunktion und Vordrucken für Euroschecks

Zahlungskarte mit Garantiefunktion	Kreditkarten, Euroscheckkarten und sonstige Karten, die es ermöglichen, den Aussteller im Zahlungsverkehr zu einer garantierten Zahlung zu veranlassen, und die durch Ausgestaltung oder Codierung besonders gegen Nachahmung gesichert sind (§ 152b IV).	1

Falsche uneidliche Aussage und Meineid, §§ 153–163

Vor § 153 Falsche uneidliche Aussage

Aufbauschema 1

I. Tatbestand

1. Objektiver Tatbestand
   a) Tatsubjekt: Zeuge oder Sachverständiger
   b) Tathandlung: Falsch aussagen
   c) Tatsituation
      aa) Gericht
      bb) Zur eidlichen Vernehmung von Zeugen und Sachverständigen zuständige Stelle (oder Untersuchungsausschuss, § 153 II)
2. Subjektiver Tatbestand

II. Rechtswidrigkeit

III. Schuld

IV. Strafwürdigkeit/Strafbedürftigkeit

1. Aussagenotstand, § 157
2. Berichtigung, § 158

§ 153 Falsche uneidliche Aussage

1	Aussagen	Sprachliche Wiedergabe von Tatsachen
2	Falsch	ist eine Aussage, wenn sie hinsichtlich des Vernehmungsgegenstands nicht der Wahrheit entspricht.
3	Zur eidlichen Vernehmung von Zeugen und Sachverständigen zuständige Stellen	sind z.B. explizit Gerichte und (Abs. 2) Untersuchungsausschüsse eines Gesetzgebungsorgans des Bundes oder eines Landes, nicht aber Polizei und Staatsanwaltschaft.

Vor § 154 Meineid

1 **Aufbauschema**

I. Tatbestand
1. Objektiver Tatbestand
   a) Tathandlung
      aa) Falsch schwören
      bb) Den Eid ersetzende Bekräftigung, § 155 Nr. 1
      cc) Sich berufen auf früheren Eid oder frühere Bekräftigung, § 155 Nr. 2
   b) Tatsituation
      aa) Gericht
      bb) Zur eidlichen Vernehmung von Zeugen und Sachverständigen zuständige Stelle
2. Subjektiver Tatbestand

II. Rechtswidrigkeit
III. Schuld
IV. Strafwürdigkeit/Strafbedürftigkeit
Berichtigung, § 158
V. Strafzumessung
Aussagenotstand, § 157

Beachte: *Fahrlässigkeitsdelikt, § 163*

§ 154 Meineid

1	Eid	Förmliche Versicherung der Wahrheit einer Aussage
2	Falsch schwören	Beeiden einer Falschaussage

§ 155 Eidesgleiche Bekräftigungen

Den Eid ersetzend	sind nicht-religiöse Bekräftigungen gem. §§ 64 II, 65 StPO, §§ 481 II, 484 ZPO.	1

Vor § 156 Falsche Versicherung an Eides Statt

1

Aufbauschema

I. Tatbestand
- 1. Objektiver Tatbestand
  - a) Tathandlung
    - aa) Alt. 1: Abgabe einer falschen Versicherung an Eides Statt
    - bb) Alt. 2: Falschaussagen unter Berufung auf eine Versicherung an Eides Statt
  - b) Tatsituation
    Zur Abnahme einer Versicherung an Eides Statt zuständige Behörde
- 2. Subjektiver Tatbestand

II. Rechtswidrigkeit

III. Schuld

IV. Strafwürdigkeit/Strafbedürftigkeit
Berichtigung, § 158

V. Strafzumessung
Strafmilderung, § 157

Beachte: *Fahrlässigkeitsdelikt, § 163*

§ 156 Falsche Versicherung an Eides Statt

Versicherung an Eides Statt	ist die förmliche, vom Eid unterschiedene Beteuerung der Richtigkeit einer Angabe in gesetzlich vorgesehenen Fällen (z.B. § 807 ZPO, § 98 I InsO, § 284 AO).	1
Behörde	Stelle, die Aufgaben der öffentlichen Verwaltung wahrnimmt – auch Gerichte (§ 11 I Nr. 7)	2
Falsch	ist die Versicherung, wenn sie inhaltlich unrichtig von der prozessualen Wahrheitspflicht umfasst ist und für den Verfahrensausgang bedeutsam werden kann.	3

4	Abgegeben	ist sie, wenn sie der Behörde willentlich zu Beweiszwecken zugänglich gemacht wurde.
5	Aussagen	Sprachliche Wiedergabe von Tatsachen (siehe § 153)
6	Falsch	ist eine Aussage, wenn sie hinsichtlich des Vernehmungsgegenstands nicht der Wahrheit entspricht (siehe § 153).

§ 158 Berichtigung einer falschen Angabe

1	Berichtigung	Offenbarung der Unwahrheit einer früheren Aussage unter gleichzeitiger Mitteilung der Wahrheit
2	Rechtzeitig	ist die Berichtigung, wenn sie in der die Instanz abschließenden Entscheidung noch verwertet werden kann.

Vor § 160 Verleitung zur Falschaussage

1 **Aufbauschema**

I. Tatbestand
1. Objektiver Tatbestand
   a) Tatsituation
      aa) Objektive Verwirklichung eines Meineids,
      bb) einer falschen Aussage oder
      cc) einer falschen Versicherung an Eides statt
   b) Tathandlung: Verleiten
2. Subjektiver Tatbestand

II. Rechtswidrigkeit

III. Schuld

§ 160 Verleitung zur Falschaussage

1	Verleiten	Bestimmendes Einwirken auf den Willen des anderen mit beliebigen Mitteln (siehe § 120)

Falsche Verdächtigung, §§ 164–165

Vor § 164 Falsche Verdächtigung

Aufbauschema 1

I. Tatbestand
1. Objektiver Tatbestand
   a) Tathandlung
      aa) Abs. 1: Verdächtigen
      bb) Abs. 2: Aufstellen einer sonstigen Behauptung tatsächlicher Art
   b) In Bezug auf einen anderen
   c) Objektive Unrichtigkeit
   d) Adressat
      aa) Behörde
      bb) Zur Entgegennahmen von Anzeigen zuständiger Amtsträger
      cc) Militärischer Vorgesetzter
      dd) Öffentlich
2. Subjektiver Tatbestand
   a) Vorsatz
   b) Kenntnis der Unrichtigkeit (= wider besseres Wissen)
   c) Absicht, ein behördlichen Verfahren oder andere behördliche Maßnahme herbeizuführen oder fortdauern zu lassen

II. Rechtswidrigkeit

III. Schuld

§ 164 Falsche Verdächtigung

Verdächtigen,	Hervorrufen, Verstärken oder Umlenken eines Verdachts	1
Rechtswidrige Tat	Handlung, die den Tatbestand eines Strafgesetzes verwirklicht (§ 11 I Nr. 5)	2
Öffentlich	In einer Weise, dass ein größerer, individuell nicht feststehender oder jedenfalls durch persönliche Beziehungen nicht verbundener Personenkreis die Möglichkeit der Wahrnehmung hat (siehe § 111)	3

4	Wider besseres Wissen	In Kenntnis der Unrichtigkeit (siehe § 145d)
5	Behörde	Stelle, die Aufgaben der öffentlichen Verwaltung wahrnimmt – auch Gerichte (§ 11 I Nr. 7)
6	Zur Entgegennahme von Anzeigen zuständige Amtsträger	sind Staatsanwalt und Polizist.

Beleidigung, §§ 185–200

Vor § 185 Beleidigung

1 **Aufbauschema**

I. Tatbestand
1. Objektiver Tatbestand
   a) Tatobjekt
      Beleidigungsfähiger Anderer
   b) Tatsache oder Werturteil (gegenüber Opfer) oder
      Werturteil (gegenüber Dritten)
   c) Tathandlung
      Beleidigung
2. Subjektiver Tatbestand

II. Rechtswidrigkeit
1. Allgemeine Rechtfertigungsgründe
2. Wahrnehmung berechtigter Interessen, § 193

III. Schuld

IV. Strafwürdigkeit/Strafbedürftigkeit
Wechselseitige Beleidigungen, § 199

V. Strafverfolgungsvoraussetzung
Strafantrag, § 194

Beachte: *Qualifikation, § 185 Alt. 2 (Tätlichkeit)*

§ 185 Beleidigung

1	Beleidigung	Kundgabe von Nicht- oder Missachtung
2	Tätlichkeit	Auf den Körper des Beleidigten zielende beleidigende Handlung (z.B. Anspucken)

Vor § 186 Üble Nachrede

Aufbauschema 1

I. Tatbestand
1. Objektiver Tatbestand
   a) Tatsache
   b) Verächtlich zu machen oder herabzuwürdigen geeignet
   c) In Beziehung auf einen (beleidigungsfähigen) anderen
   d) Tathandlung: Behaupten oder Verbreiten
2. Subjektiver Tatbestand
3. Objektive Bedingung der Strafbarkeit: Nichterweislichkeit der Tatsache

II. Rechtswidrigkeit
1. Allgemeine Rechtfertigungsgründe
2. Wahrnehmung berechtigter Interessen, § 193

III. Schuld

IV. Strafwürdigkeit/Strafbedürftigkeit
Wechselseitige Beleidigungen, § 199

V. Strafverfolgungsvoraussetzung
Strafantrag, § 194

Beachte: *Qualifikationen, §§ 186 Alt. 2, 188 I*

§ 186 Üble Nachrede

Tatsache	Ereignisse, Vorgänge oder Zustände der Außen- oder Innenwelt, sofern sie der Gegenwart oder Vergangenheit angehören und dem Beweis zugänglich sind	**1**
In Beziehung auf einen anderen	Gegenüber einem anderen als dem Verletzten über den Verletzten	**2**
Behaupten	Nach eigener Überzeugung als wahr hinstellen	**3**
Verbreiten	Als Wissen eines anderen weitergeben	**4**
Verächtlich gemacht	Ist eine Person, wenn sie so dargestellt wird, dass sie ihren sittlichen Pflichten nicht gerecht wird.	**5**
Herabgewürdigt	ist eine Person, wenn ihr Ruf geschmälert wird.	**6**
Nicht erweislich wahr	ist die Tatsache, solange der Wahrheitsbeweis nicht erbracht ist.	**7**

8	Öffentlich	In einer Weise, dass ein größerer, individuell nicht feststehender oder jedenfalls durch persönliche Beziehungen nicht verbundener Personenkreis die Möglichkeit der Wahrnehmung hat (siehe § 111)

Vor § 187 Verleumdung

1 **Aufbauschema**

I. Tatbestand
1. Objektiver Tatbestand
   a) Tatsache
   b) Unwahr
   c) Verächtlich zu machen oder herabzuwürdigen geeignet
   d) In Beziehung auf einen (beleidigungsfähigen) anderen
   e) Tathandlung: Behaupten oder Verbreiten
2. Subjektiver Tatbestand
   a) Vorsatz
   b) Kenntnis der Unrichtigkeit (= wider besseres Wissen)

II. Rechtswidrigkeit
1. Allgemeine Rechtfertigungsgründe
2. Wahrnehmung berechtigter Interessen, § 193

III. Schuld

IV. Strafwürdigkeit/Strafbedürftigkeit
Wechselseitige Beleidigungen, § 199

V. Strafverfolgungsvoraussetzung
Strafantrag, § 194

Beachte: *Qualifikationen, §§ 187 Alt. 2, 188 II*

§ 187 Verleumdung

1	Tatsache	Ereignisse, Vorgänge oder Zustände der Außen- oder Innenwelt, sofern sie der Gegenwart oder Vergangenheit angehören und dem Beweis zugänglich sind (siehe § 186)
2	Unwahr	Objektiv nicht der Wahrheit entsprechend
3	Behaupten	Nach eigener Überzeugung als wahr hinstellen (siehe § 186)

Verbreiten	Als Wissen eines anderen weitergeben (siehe § 186)	4
In Beziehung auf einen anderen	Gegenüber einem anderen als dem Verletzten über den Verletzten (siehe § 186)	5
Wider besseres Wissen	In Kenntnis der Unrichtigkeit (siehe § 145d)	6

§ 189 Verunglimpfung des Andenkens Verstorbener

Verunglimpfen	Besonders grobes und schwerwiegendes Herabsetzen	1

§ 192 Beleidigung trotz Wahrheitsbeweises

Aus der Form	ergibt sich die Beleidigung, wenn sie dadurch zum Ausdruck kommt, dass die Art der Äußerung in einem unangemessenen Verhältnis zum Inhalt steht.	1
Aus den Umständen	Durch Begleitmerkmale, die der beleidigenden Äußerung ein weiteres beleidigendes Element hinzufügen	2

§ 193 Wahrnehmung berechtigter Interessen

Berechtigtes Interesse	Jedes von der Rechtsordnung als schutzwürdig anerkannte Interesse	1
Aus der Form	ergibt sich die Beleidigung, wenn sie dadurch zum Ausdruck kommt, dass die Art der Äußerung in einem unangemessenen Verhältnis zum Inhalt steht (siehe § 192).	2
Aus den Umständen	Durch Begleitmerkmale, die der beleidigenden Äußerung ein weiteres beleidigendes Element hinzufügen (siehe § 192)	3

§ 199 Wechselseitig begangene Beleidigungen

Auf der Stelle erwidert	ist eine Beleidigung, wenn sie noch Folge der durch die Ersttat ausgelösten Erregung ist.	1

Verletzung des persönlichen Lebens- und Geheimbereichs, §§ 201–210

Vor § 201 Verletzung der Vertraulichkeit des Wortes

1 **Aufbauschema**

I. Tatbestand
1. Objektiver Tatbestand
   a) Tatobjekt
      Nichtöffentlich gesprochenes Wort eines anderen
   b) Tathandlung
      aa) Abs. 1 Nr. 1: Aufnehmen auf Tonträger
      bb) Abs. 1 Nr. 2: Gebrauchen oder Dritten zugänglich machen einer Aufnahme i.S. der Nr. 1
      cc) Abs. 2 Nr. 1: Abhören mit Abhörgerät
      dd) Abs. 2 Nr. 2: Öffentliches Mitteilen des nach Abs. 1 Nr. 1 aufgenommenen oder nach Abs. 2 Nr. 1 abgehörten Wortes
2. Subjektiver Tatbestand
3. Objektive Bedingung der Strafbarkeit (bei Abs. 2 Nr. 2)
   Geeignetheit, berechtigte Interessen eines anderen zu beeinträchtigen, § 201 II 2

II. Rechtswidrigkeit
1. Allgemeine Rechtfertigungsgründe
2. Bei Abs. 2 Nr. 2: Wahrnehmung überragend wichtiger Interessen, § 201 II 3

III. Schuld

IV. Strafverfolgungsvoraussetzung
Strafantrag, § 205 I

Beachte: *Qualifikation, § 201 III*

§ 201 Verletzung der Vertraulichkeit des Wortes

1	Nichtöffentlich	Nicht an die Allgemeinheit gerichtet und nicht über einen durch persönliche oder sachliche Beziehungen abgegrenzten Personenkreis hinaus wahrnehmbar
2	Gesprochenes Wort	Lautlich wahrnehmbare Gedankenäußerung jeglichen Inhalts

Aufnehmen	Fixieren auf einen Tonträger	3
Gebrauchen	Abspielen	4
Zugänglich machen	Ermöglichung des Zugriffs	5
Abhören mit Abhörgerät	Hörbar machen durch eine technische Einrichtung, die das Wort über den normalen Klangbereich wahrnehmbar macht	6
Öffentlich mitteilen	Auf eine Weise wahrnehmbar machen, dass ein größerer, individuell nicht feststehender oder jedenfalls nicht durch persönliche Beziehungen verbundener Personenkreis die Möglichkeit der Wahrnehmung hat	7

§ 201a Verletzung des höchstpersönlichen Lebensbereichs durch Bildaufnahmen

Bildaufnahme	Gegenständliche, perpetuierbare und zur Vervielfältigung geeignete Verkörperungen eines auf analoge oder digitale Weise visuell erfassbaren Abbildes	1
Wohnung	Räumlichkeit, die bestimmungsgemäß – auch nur vorübergehend – zur Unterkunft von Menschen dient (siehe § 123)	2
Gegen Einblicke besonders geschützt	Mit Sichtschutz versehen	3
Herstellen	Alle Handlungen, die zum unmittelbaren Anfertigen des Abbildes erforderlich sind	4
Übertragen	Direkte Weiterleitung ohne Fixieren oder Speichern	5
Höchstpersönlicher Lebensbereich	Intimsphäre einer Person (insb. Krankheit, Tod, Sexualität etc.)	6
Gebrauchen	Jedes Verwenden für eigene oder fremde, private oder öffentliche, persönliche oder kommerzielle Zwecke	7
Zugänglich machen	Ermöglichung des Zugriffs (siehe § 201)	8

Vor § 202 Verletzung des Briefgeheimnisses

1 **Aufbauschema**

I. Tatbestand
1. Objektiver Tatbestand
   a) Tatobjekt
      aa) Brief (Abs. 1), Schriftstück (Abs. 1) oder Abbildung (Abs. 3)
      bb) Verschlossen
      cc) Nicht zur Kenntnis bestimmt
   b) Tathandlung
      aa) Abs. 1 Nr. 1: Öffnen
      bb) Abs. 1 Nr. 2: Kenntnis verschaffen ohne Öffnung unter Anwendung technischer Mittel
      cc) Abs. 2: Kenntnis verschaffen nach Öffnung eines verschlossenen Behältnisses, das gegen Kenntnisnahme besonders sichert
2. Subjektiver Tatbestand

II. Rechtswidrigkeit
(„unbefugt")

III. Schuld

IV. Strafverfolgungsvoraussetzung
Strafantrag, § 205 I 1

Beachte: *Subsidiaritätsklausel, § 202 I a.E.*

§ 202 Verletzung des Briefgeheimnisses

1	Schriftstück	Schriftträger wie Papiere oder andere Sachen, auf denen schriftlich, gedruckt oder geschrieben Gedanken ausgedrückt sind (siehe § 133)
2	Abbildung	Fotos, Filme, Zeichnungen, Grafiken oder sonstige gegenständliche Darstellungen
3	Verschlossen	Mit einer Vorkehrung versehen, die eine Kenntnisnahme erschwert
4	Behältnis	Raumgebilde zur Aufnahme von Sachen, das diese umschließt und nicht dazu bestimmt ist, von Menschen betreten zu werden (siehe § 243)

Vor § 202a Ausspähen von Daten

Aufbauschema 1

I. Tatbestand
1. Objektiver Tatbestand
   a) Tatobjekt
      aa) Daten
      bb) Nicht für den Täter bestimmt
      cc) Gegen unberechtigten Zugang besonders gesichert
   b) Tathandlung
      Sichverschaffen unter Überwindung der Zugangssicherung
2. Subjektiver Tatbestand

II. Rechtswidrigkeit
(„unbefugt")

III. Schuld

IV. Strafverfolgungsvoraussetzung
Strafantrag, § 205 I 2

§ 202a Ausspähen von Daten

Daten	Codierte, auf einem Datenträger fixierte Informationen, die elektronisch, magnetisch oder sonst nicht unmittelbar wahrnehmbar gespeichert sind oder übermittelt werden (vgl. § 202a II)	**1**
Gegen unberechtigten Zugang besonders gesichert	sind Daten, wenn Vorkehrungen getroffen sind die objektiv geeignet und subjektiv dazu bestimmt sind, den Zugriff auf die Daten auszuschließen oder wenigstens zu erschweren.	**2**
Überwindung	Jedwede Ausschaltung	**3**
Sichverschaffen	Erlangen der Verfügungsgewalt (siehe § 146)	**4**
Gespeichert	Zum Zweck der Weiterverwendung erfasst, aufgenommen oder aufbewahrt	**5**
Übermitteln	Jedes Weiterleiten	**6**

Vor § 202b Abfangen von Daten

1

Aufbauschema
I. Tatbestand 1. Objektiver Tatbestand a) Tatobjekt aa) Daten bb) Nicht für den Täter bestimmt cc) Aus nichtöffentlicher Datenübermittlung oder elektromagnetischer Abstrahlung einer Datenverarbeitungsanlage b) Tathandlung Sichverschaffen unter Anwendung technischer Mittel 2. Subjektiver Tatbestand
II. Rechtswidrigkeit („unbefugt")
III. Schuld
IV. Strafverfolgungsvoraussetzung Strafantrag, § 205 I 2

§ 202b Abfangen von Daten

1	Daten	Codierte, auf einem Datenträger fixierte Informationen, die elektronisch, magnetisch oder sonst nicht unmittelbar wahrnehmbar gespeichert sind oder übermittelt werden (vgl. § 202a II)
2	Datenübermittlung	Jede Weiterleitung von Daten
3	Nichtöffentlich	Nicht an die Allgemeinheit gerichtet und nicht über einen durch persönliche oder sachliche Beziehungen abgegrenzten Personenkreis hinaus wahrnehmbar
4	Datenverarbeitungsanlage	Funktionseinheit technischer Geräte, welche die Verarbeitung elektronisch, magnetisch oder sonst nicht unmittelbar wahrnehmbar gespeicherter Daten ermöglicht (siehe § 303b)
5	Sichverschaffen	Erlangen der Verfügungsgewalt (siehe § 146)

Vor § 202c Vorbereiten des Ausspähens und Abfangens von Daten

Aufbauschema 1

I. Tatbestand
1. Objektiver Tatbestand
   a) Tatobjekt
      aa) Nr. 1: Passwort oder Sicherheitscode
      bb) Nr. 2: Computerprogramm zum Zweck der Begehung einer Straftat nach § 202a oder § 202b
   b) Tathandlung
      Vorbereitung durch Herstellen, Sichverschaffen, Verkaufen, Überlassen, Verbreiten, Zugänglich machen
2. Subjektiver Tatbestand
   a) Vorsatz
   b) Tatentschluss bzgl. Begehung von § 202a oder § 202b

II. Rechtswidrigkeit („unbefugt")

III. Schuld

IV. Persönlicher Strafaufhebungsgrund
Tätige Reue, § 202c II i.V.m. § 149 II, III

§ 202c Vorbereiten des Ausspähens und Abfangens von Daten

Vorbereitung	ist alles, was die für spätere geplante Ausführung nur ermöglichen oder erleichtern soll (siehe § 22).	1
Passwort	Den Zugang ermöglichende Kennung	2
Sicherungscode	Elektronischer Schlüssel	3
Daten	Codierte, auf einem Datenträger fixierte Informationen, die elektronisch, magnetisch oder sonst nicht unmittelbar wahrnehmbar gespeichert sind oder übermittelt werden (vgl. § 202° II)	4
Computerprogramm	Durch Daten fixierte Arbeitsanweisung an den Computer (siehe § 263a)	5
Herstellen	Erschaffen (siehe § 316c)	6
Sichverschaffen	Erlangen der Verfügungsgewalt (siehe § 146)	7

8	Verkaufen	Entgeltlich veräußern
9	Überlassen	Übertragen der tatsächlichen Sachherrschaft (siehe § 152a)
10	Verbreiten	Körperliches Weitergeben (siehe § 130)
11	Zugänglich machen	Ermöglichung des Zugriffs (siehe § 201)

Vor § 203 Verletzung und Verwertung von Privatgeheimnissen

1 **Aufbauschema**

I. Tatbestand
1. Objektiver Tatbestand
   a) Tauglicher Täter
      aa) Abs. 1 Nr. 1–6
      bb) Abs. 2 Nr. 1–6
      cc) Abs. 3
   b) Geheimnis
   c) Fremd
   d) Anvertraut oder sonst bekannt geworden
   e) Tathandlung: Offenbaren (nach dem Tod des Betroffenen: § 203 IV)
2. Subjektiver Tatbestand

II. Rechtswidrigkeit („unbefugt“)
1. Allgemeine Rechtfertigungsgründe
2. Rechtfertigung durch Anzeigepflicht, § 138 (i.V.m. § 139)

III. Schuld

IV. Strafverfolgungsvoraussetzung
Strafantrag, § 205 I 1

Beachte: *Qualifikation, § 203 V*

§ 203 Verletzung und Verwertung von Privatgeheimnissen

1	Geheimnis	Höchstens einem beschränkten Personenkreis bekannte Tatsache, an dessen Geheimhaltung derjenige, den sie betrifft, ein von seinem Standpunkt aus sachlich begründetes Interesse hat

Fremd	Zumindest auch einen anderen betreffend	**2**
Anvertraut	Im Vertrauen auf die Verschwiegenheitspflicht mitgeteilt	**3**
Sonst bekannt geworden	In innerem Zusammenhang mit der Berufsausübung erfahren	**4**
Offenbaren	Mitteilen an einen Dritten, der die Tatsache (noch) nicht (sicher) kennt	**5**
Persönlicher Lebensbereich	Intim- und Privatsphäre sowie die Sphäre des beruflichen und politischen Wirkens etc.	**6**
Betriebs- oder Geschäftsgeheimnisse	sind solche, die im technischen bzw. kaufmännischen Zusammenhang mit einem Geschäftsbetrieb stehen und an deren Geheimhaltung der Unternehmer ein wirtschaftliches Interesse hat.	**7**
Amtsträger	Wer nach deutschem Recht Beamter oder Richter ist, in einem sonstigen öffentlich-rechtlichen Amtsverhältnis steht oder sonst zur Wahrnehmung öffentlicher Aufgaben bestellt ist (§ 11 I Nr. 2)	**8**
Entgelt	Jede in einem Vermögensvorteil bestehende Geldleistung (§ 11 I Nr. 9)	**9**

§ 204 Verwertung fremder Geheimnisse

Geheimnis	Höchstens einem beschränkten Personenkreis bekannte Tatsache, an dessen Geheimhaltung derjenige, den sie betrifft, ein von seinem Standpunkt aus sachlich begründetes Interesse hat (siehe § 203)	**1**
Fremd	Zumindest auch einen anderen betreffend (siehe § 203)	**2**
Verwerten	Wirtschaftliche Nutzung zur Gewinnerzielung	**3**

Straftaten gegen das Leben, §§ 211–222

Vor § 211 Mord

1 **Aufbauschema**

I. Tatbestand
- 1. Objektiver Tatbestand
  - a) Objektiver Tatbestand des § 212 I
  - b) Tatbezogene Mordmerkmale (2. Gruppe)
    - aa) Heimtücke
    - bb) Grausam
    - cc) Mit gemeingefährlichen Mitteln
- 2. Subjektiver Tatbestand
  - a) Vorsatz bzgl. § 212 I und tatbezogenen Mordmerkmalen (2. Gruppe)
  - b) Spezielle Absichten (täterbezogene Mordmerkmale, 3. Gruppe)
    - aa) Ermöglichungsabsicht
    - bb) Verdeckungsabsicht
  - c) Sonstige besondere subjektive Merkmale (täterbezogene Mordmerkmale, 1. Gruppe)
    - aa) Mordlust
    - bb) Zur Befriedigung des Geschlechtstriebs
    - cc) Habgier
    - dd) Sonstige niedrige Beweggründe

II. Rechtswidrigkeit

III. Schuld

IV. Strafzumessung

Strafmilderungsmöglichkeit nach § 49 I Nr. 1

§ 211 Mord

1	Mordlust	Freude an der Vernichtung eines Menschenlebens
2	Zur Befriedigung des Geschlechtstriebs	tötet, wer bereits im Tötungsakt selbst geschlechtliche Befriedigung sucht (Lustmord) oder seine sexuelle Lust an der Leiche befriedigen möchte.
3	Habgier	Übersteigertes Gewinnstreben um jeden Preis
4	Niedrige Beweggründe	Motive, die sittlich auf tiefster Stufe stehen und daher besonders verachtenswert sind

Heimtücke	Ausnutzen der auf Arglosigkeit beruhenden Wehrlosigkeit	5
Arglos	ist, wer sich keines Angriffs auf Leib und Leben versieht.	6
Wehrlos	ist, wer in seiner Verteidigungsfähigkeit zumindest erheblich eingeschränkt ist.	7
Ausnutzen	Berechnend danach ausrichten	8
Grausam	Aus gefühlloser, unbarmherziger Gesinnung dem Opfer besondere Schmerzen oder Qualen körperlicher oder seelischer Art zufügen, die über das für die Tötung erforderliche Maß hinausgehen	9
Gemeingefährlich	ist ein Mittel, dessen Wirkungsweise nicht beherrschbar ist und das daher eine Gefahr für eine Vielzahl von Menschen mit sich bringt.	10

Vor § 212 Totschlag

Aufbauschema 1

I. Tatbestand
1. Objektiver Tatbestand
   a) Tatobjekt: Mensch
   b) Tathandlung/Erfolg: Tod
   c) Kausalität
2. Subjektiver Tatbestand

II. Rechtswidrigkeit
III. Schuld
IV. Strafzumessung
Minder schwerer Fall, § 213

Beachte: *Qualifikation, § 211*
Privilegierung, § 216
Fahrlässigkeitsdelikt, § 222

§ 212 Totschlag

Mensch	In einem natürlichen Uterus herangereiftes Wesen, dessen Geburt oder anderweitige Hervorbringung mindestens begonnen hat und das unabhängig vom Leben der Mutter zumindest für kurze Zeit in menschlicher Weise lebt	1

2	Tod	Ende der Hirntätigkeit (sog. Hirntod)
3	Hemmschwellen-theorie	betrifft die Tatsache, dass beim normalen Menschen eine im Vergleich zur bloßen Verletzung erhöhte Hemmschwelle bei der Tötung eines anderen Menschen besteht.

§ 213 Minder schwerer Fall des Totschlags

1	Misshandlung	Jede üble, unangemessene Behandlung körperlicher oder seelischer Art, die das Wohlbefinden mehr als nur unerheblich beeinträchtigt
2	Schwere Beleidigung	Jegliche schwerwiegende Kränkung
3	Zum Zorn gereizt	Aus darauf beruhender Wut, Empörung etc.
4	Ohne eigene Schuld	Nicht in vorwerfbarer Weise veranlasst
5	Auf der Stelle zur Tat hingerissen	ist der Täter, wenn die Tat noch als maßgeblich durch die Provokation beeinflusst erscheint.
6	Sonst ein minder schwerer Fall	liegt vor, wenn die Gesamtbetrachtung aller Umstände ergibt, dass die Anwendung des Regelstrafrahmens unangemessen hart wäre.

Vor § 216 Tötung auf Verlangen

1 **Aufbauschema**

I. Tatbestand
1. Objektiver Tatbestand (unter Beachtung von § 16 II)
   a) Bestimmen zur Tötung durch den Getöteten
   b) Verlangen
   c) Ausdrücklich
   d) Ernsthaft
2. Subjektiver Tatbestand

II. Rechtswidrigkeit
Einwilligung nicht rechtfertigend

III. Schuld

§ 216 Tötung auf Verlangen

1	Verlangen	Über bloße Zustimmung hinausgehendes nachdrückliches Begehren

Bestimmen	Hervorrufen des Tatentschlusses (siehe § 26)	2
Ausdrücklich	In eindeutiger, unmissverständlicher Weise (auch konkludent)	3
Ernstlich	Sich der Tragweite bewusst	4
Aktive Sterbehilfe	Lebensverkürzung durch aktives Tun	5
Passive Sterbehilfe	Unterlassen weiterer lebensverlängernder Maßnahmen (Sterbenlassen)	6
Indirekte Sterbehilfe	Schmerzlindernde lebensverkürzende Maßnahmen	7

Vor § 218 Schwangerschaftsabbruch

Aufbauschema 1

I. Tatbestand
1. Objektiver Tatbestand
   a) Schwangerschaft
   b) Abbruch
   c) Kein Tatbestandsausschluss gem. § 218a I
2. Subjektiver Tatbestand

II. Rechtswidrigkeit
Sog. Indikationen
(medizinisch-soziale, § 218a II, kriminologische, § 218a III)

III. Schuld

IV. Strafzumessung
Besonders schwere Fälle, § 218 II (Regelbeispiele)

V. Strafwürdigkeit/Strafbedürftigkeit
1. Persönlicher Strafausschließungsgrund, § 218a IV 1
2. Absehen von Strafe, § 218a IV 2

§ 218 Schwangerschaftsabbruch

Abbruch einer Schwangerschaft	Abtöten der Leibesfrucht	1
Handeln gegen den Willen	liegt vor, wenn die Schwangere ihren entgegenstehenden Willen nach außen manifestiert hat.	2
Schwere Gesundheitsschädigung	Langwierige ernste Krankheit oder erhebliche Beeinträchtigung der Arbeitsfähigkeit für längere Zeit (siehe § 221)	3

§ 218a Straflosigkeit des Schwangerschaftsabbruchs

1	Nach ärztlicher Erkenntnis angezeigt	Medizinisch indiziert (sog. Indikation)
2	Gefahr für das Leben	Risiken, die sich aus der mangelnden körperlichen Stabilität der Schwangeren oder bereits vorhandener Leiden ergeben und zum Tode führen können
3	Schwerwiegende Beeinträchtigung	Über das mit einer Schwangerschaft naturgemäß verbundene Maß deutlich hinausgehende Belastung
4	Dringende Gründe	Hoher Wahrscheinlichkeitsgrad

Vor § 221 Aussetzung

1 **Aufbauschema**

I. Tatbestand
1. Objektiver Tatbestand
   a) Mensch
   b) Abs. 1 Nr. 1
      aa) Versetzen
      bb) In eine hilflose Lage
   c) Abs. 1 Nr. 2
      aa) In einer hilflosen Lage
      bb) Im Stich lassen
      cc) Obhut oder Beistandspflicht
   d) Gefahr des Todes oder einer schweren Gesundheitsschädigung
2. Subjektiver Tatbestand: Vorsatz bzgl. a)–d), inkl. Gefährdung

II. Rechtswidrigkeit

III. Schuld

Beachte: *Qualifikation, § 221 II Nr. 1 (Kind)*
Erfolgsqualifikationen, § 221 II Nr. 2 (schwere Gesundheitsschädigung) und § 221 III (Tod)

§ 221 Aussetzung

1	Hilflose Lage	ist eine Situation, in der das Opfer außerstande ist, sich aus eigener Kraft vor drohender Lebens- oder ernsten Gesundheitsgefahren zu schützen.
2	Versetzen	ist jede vom Täter bestimmte Veränderung der Sicherheitslage des Opfers.

Im Stich lassen	Zur Abwendung nötige Hilfe nicht erbringen	**3**
Obhut	Bestehendes allgemeines Schutz- oder Betreuungsverhältnis	**4**
Beistandspflicht	Jede Garantenpflicht aufgrund einer Garantenstellung	**5**
Schwere Gesundheitsschädigung	Langwierige ernste Krankheit oder erhebliche Beeinträchtigung der Arbeitsfähigkeit für längere Zeit	**6**
Kind	Abkömmling oder adoptierte Person (unter 14 Jahren)	**7**
Zur Erziehung	ist die Person demjenigen anvertraut, der verpflichtet ist, die Lebensführung der Person zu überwachen und zu leiten.	**8**
Zur Betreuung in der Lebensführung anvertraut	ist eine Person einer anderen, wenn diese während einer festen Dauer jedenfalls auch für das geistige und sittliche Wohl des anderen verantwortlich ist.	**9**
Unmittelbarkeitszusammenhang	Über Kausalität und objektive Zurechnung hinausgehender tatbestandsspezifischer Zusammenhang, wonach sich gerade die dem Grundtatbestand anhaftende spezifische Gefahr in der schweren Folge niedergeschlagen haben muss (siehe § 18)	**10**

Vor § 222 Fahrlässige Tötung

Aufbauschema **1**

I. Tatbestand
1. Tatobjekt: Mensch
2. Tathandlung/Erfolg: Tod
3. Kausalität
4. Generelle/objektive Sorgfaltspflichtverletzung
   a) (Generelle) Vorhersehbarkeit
   b) (Generelle) Vermeidbarkeit
5. (Sonstige) Objektive Zurechnung des Erfolgseintritts

II. Rechtswidrigkeit

III. Schuld
1. Allgemeine Schuldmerkmale
2. Individuelle/subjektive Sorgfaltspflichtverletzung
   a) (Individuelle) Vorhersehbarkeit
   b) (Individuelle) Vermeidbarkeit

Beachte: *Zur fahrlässigen Tötung durch Unterlassen vgl. Vor § 15*

§ 222 Fahrlässige Tötung

1	Fahrlässigkeit	Generelle und individuelle Sorgfaltspflichtverletzung (siehe § 15)
2	Tod	Ende der Hirntätigkeit (Hirntod) (siehe § 212)

Straftaten gegen die körperliche Unversehrtheit, §§ 223–231

Vor § 223 Körperverletzung

1 **Aufbauschema**

I. Tatbestand
1. Objektiver Tatbestand
   a) Alt. 1: Körperliche Misshandlung
   b) Alt. 2: Gesundheitsschädigung
2. Subjektiver Tatbestand

II. Rechtswidrigkeit

III. Schuld

IV. Strafverfolgungsvoraussetzung
Strafantrag, § 230

Beachte: *Qualifikationen, § 224, § 225*
Erfolgsqualifikationen, § 226, § 227
Fahrlässigkeitsdelikt, § 229

§ 223 Körperverletzung

1	Körperliche Misshandlung	Jede üble, unangemessene Behandlung, die das körperliche Wohlbefinden mehr als nur unerheblich beeinträchtigt
2	Gesundheitsschädigung	Hervorrufen, Steigern oder Aufrechterhalten eines krankhaften (pathologischen) Zustands
3	Krankhaft	Nachteilig vom Normalzustand der körperlichen Funktionen des Opfers abweichend

Vor § 224 Gefährliche Körperverletzung

Aufbauschema 1

Beachte: *Qualifikationen können entweder gemeinsam mit dem Grunddelikt (§§ 223, 224) oder getrennt (also erst § 223, dann § 224) geprüft werden. Dann kann B I 1. auch weggelassen oder insoweit in aller Kürze auf die vorangegangene Prüfung verwiesen werden.*

Möglichkeit 1: getrennte Prüfung § 223/§ 224

A. **§ 223** *(vollständige Prüfung – Tatbestand, Rechtswidrigkeit, Schuld)*

B. **§ 224**

I. Tatbestand
1. Erfüllung des Grundtatbestandes, § 223
2. Qualifikation
   a) Objektiver Tatbestand
      Qualifikationsmerkmal(e) gem. § 224 I Nr. 1–5
   b) Subjektiver Tatbestand
      Vorsatz bzgl. Qualifikationsmerkmal(en), § 224

II. Rechtswidrigkeit
(Prüfungspunkt entfällt, wenn keine Abweichung zum Grunddelikt)

III. Schuld
(Prüfungspunkt entfällt, wenn keine Abweichung zum Grunddelikt)

Möglichkeit 2: gemeinsame Prüfung §§ 223, 224

I. Tatbestand
1. Objektiver Tatbestand
   a) Erfüllung des Grundtatbestandes, § 223
   b) Qualifikationsmerkmal(e) gem. § 224 I Nr. 1–5
2. Subjektiver Tatbestand
   a) Vorsatz bzgl. § 223
   b) Vorsatz bzgl. Qualifikationsmerkmal(en), § 224

II. Rechtswidrigkeit

III. Schuld

§ 224 Gefährliche Körperverletzung

Gift	Jeder Stoff, der durch chemische oder chemisch-physikalische Wirkung nach Art und Menge im konkreten Fall geeignet ist, erhebliche Gesundheitsschäden zu verursachen	1

2	Gesundheitsschädliche Stoffe	sind solche, die durch mechanische, biologische oder thermische Wirkung nach ihrer Art und ihrer Anwendung im konkreten Fall geeignet sind, erhebliche Gesundheitsschäden zu verursachen.
3	Beibringen	Einführen in oder Auftragen auf den Körper, so dass sich die schädigenden Eigenschaften entfalten können
4	Waffe	(im technischen Sinne) ist jeder Gegenstand, der seiner Bauart nach dazu bestimmt ist, erhebliche Verletzungen beizubringen.
5	Gefährliches Werkzeug	Körperlicher Gegenstand, der der konkreten Art seiner Verwendung nach geeignet ist, erhebliche Verletzungen herbeizuführen
6	Überfall	Jeder plötzliche, unerwartete Angriff, auf den man sich nicht versieht und daher auch nicht vorbereiten kann
7	Hinterlistig	Planmäßig-verdeckend
8	Beteiligter	Täter oder Teilnehmer (§ 28 II)
9	Gemeinschaftlich	begangen ist die Tat, wenn mindestens zwei Personen bei ihrer Ausführung zusammenwirken.
10	Lebensgefährdende Behandlung	Handlung, die nach den konkreten Umständen geeignet ist, das Leben des Opfers mindestens in eine abstrakte Gefahr zu bringen

Vor § 225 Misshandlung von Schutzbefohlenen

1 **Aufbauschema**

I. Tatbestand

1. Objektiver Tatbestand
   a) Tatobjekt
      aa) Person unter 18 Jahren oder wegen Gebrechlichkeit oder Krankheit wehrlose Person
      bb) Schutzverhältnis gem. § 225 I Nr. 1–4
   b) Tathandlung
      aa) Quälen
      bb) (Rohes) Misshandeln
      cc) Gesundheitsschädigung durch Vernachlässigen der Fürsorgepflicht

2. Subjektiver Tatbestand
   a) Vorsatz
   b) Bei Gesundheitsschädigung zusätzlich: Böswilligkeit

II. Rechtswidrigkeit

III. Schuld

1. Allgemeine Schuldmerkmale
2. Bei Misshandlungen zusätzliches besonderes Schuldmerkmal: Roh

Beachte: *Qualifikation, § 225 III*

§ 225 Misshandlung von Schutzbefohlenen

Wehrlos	ist, wer in seiner Verteidigungsfähigkeit zumindest erheblich eingeschränkt ist (siehe § 211).	**1**
Krankheit	Jeder pathologische, d.h. nachteilig vom Normalzustand abweichende Zustand	**2**
Gebrechlichkeit	Infolge hohen Alters, Krankheit oder Behinderung eingetretener Zustand eingeschränkter körperlicher Bewegungsfähigkeit	**3**
Fürsorge	Auf Gesetz, Übertragung durch eine Behörde, Vertrag, konkludenter oder tatsächlicher Übernahme beruhendes Verhältnis, kraft dessen eine Person für das geistige oder leibliche Wohl einer anderen zu sorgen hat	**4**
Obhut	Bestehendes allgemeines Schutz- oder Betreuungsverhältnis (siehe § 221)	**5**
Hausstand	Die mit dem Täter in einer Hausgemeinschaft lebenden Personen	**6**
Quälen	Zufügen länger dauernder oder sich wiederholender Schmerzen oder Leiden	**7**
Misshandlung	Jede üble, unangemessene Behandlung körperlicher oder seelischer Art, die das Wohlbefinden mehr als nur unerheblich beeinträchtigt (siehe § 213)	**8**
Roh	In gefühlloser, gegenüber den Leiden des Opfers gleichgültiger Gesinnung	**9**
Vernachlässigung	Schlecht- oder Nichterfüllung	**10**
Böswillig	Aus verwerflichen, insbesondere eigensüchtigen Beweggründen	**11**
Gesundheitsschädigung	Hervorrufen, Steigern oder Aufrechterhalten eines krankhaften (pathologischen) Zustands (siehe § 223)	**12**

13	Schwere Gesundheitsschädigung	Langwierige ernste Krankheit oder erhebliche Beeinträchtigung der Arbeitsfähigkeit für längere Zeit (siehe § 221)
14	Erhebliche Schädigung der körperlichen oder seelischen Entwicklung	Deutliche Abweichung von der voraussichtlichen normalen Entwicklung

Vor § 226 Schwere Körperverletzung

1 **Aufbauschema: § 226 I (Grundtatbestand)**

Beachte: *Vor § 226 I sollte § 223 geprüft werden. Dann kann im Tatbestand 1. entweder ganz weggelassen oder insoweit in aller Kürze auf die vorangegangene Prüfung verwiesen werden.*

I. Tatbestand
1. Erfüllung des Grundtatbestandes, § 223
2. Eintritt einer schweren Folge gem. § 226 I Nr. 1-3
3. Kausalität
4. Bedingter Vorsatz oder Fahrlässigkeit bzgl. der Folge, letzterenfalls Generelle/objektive Sorgfaltspflichtverletzung bei objektiver Vorhersehbarkeit der schweren Folge
5. (Sonstige) Objektive Zurechnung
6. Zumindest bei Fahrlässigkeit zusätzlich: Unmittelbarkeitszusammenhang

II. Rechtswidrigkeit

III. Schuld
1. Allgemeine Schuldmerkmale
2. Bei Fahrlässigkeit bzgl. der Folge: Individuelle/subjektive Sorgfaltspflichtverletzung bei subjektiver Vorhersehbarkeit der schweren Folge

Beachte: *Qualifikation, § 226 II (Absicht oder Wissentlichkeit)*

2 **Aufbauschema: § 226 II (Qualifikation)**

Beachte: *Vor § 226 II sollten § 223 und § 226 I geprüft werden. Dann können 1 a)–d) und 2a) entweder ganz weggelassen oder insoweit in aller Kürze auf die vorangegangenen Prüfungen verwiesen werden.*

I. Tatbestand
1. Objektiver Tatbestand
   a) Erfüllung des Grundtatbestandes, § 223
   b) Eintritt der schweren Folge gem. § 226 I Nr. 1–3
   c) Kausalität
   d) Objektive Zurechnung

2. Subjektiver Tatbestand
   a) Vorsatz bzgl. § 223
   b) Absicht oder Wissentlichkeit bzgl. der schweren Folge

II. Rechtswidrigkeit
(Prüfungspunkt entfällt, wenn keine Abweichung zum Grunddelikt)

III. Schuld
(Prüfungspunkt entfällt, wenn keine Abweichung zum Grunddelikt)

§ 226 Schwere Körperverletzung

Sehvermögen	Fähigkeit, Gegenstände visuell wahrzunehmen	**1**
Gehör	Fähigkeit, artikulierte Laute akustisch zu verstehen	**2**
Sprachvermögen	Fähigkeit, artikuliert zu reden	**3**
Glied	ist jeder Körperteil, der mit einem anderen durch ein Gelenk verbunden ist.	**4**
Wichtig	ist ein Glied, wenn es für den Gesamtorganismus Bedeutung hat.	**5**
Verlust	Dauernde Gebrauchsunfähigkeit bzw. völlige Abtrennung	**6**
Gebrauchsunfähigkeit	Dem Verlust gleich stehender Funktionsverlust, z.B. Versteifung	**7**
Dauernd	Endgültig oder auf unabsehbare Zeit	**8**
Entstellt	In der äußeren Gesamterscheinung verunstaltet	**9**
Erheblich	Im Vergleich mit den anderen Varianten gravierend	**10**
Verfallen	Ausgeliefert sein, ohne dass sich Besserung absehen lässt	**11**
Siechtum	Chronischer, den Gesamtorganismus in Mitleidenschaft ziehender Krankheitszustand, der in allgemeine Hinfälligkeit mündet	**12**
Lähmung	Erhebliche Beeinträchtigung der Bewegungsfähigkeit eines Körperteils, die den ganzen Körper in Mitleidenschaft zieht	**13**
Geistige Krankheit	Chronische und vorübergehende nicht ganz unerhebliche geistig-seelische Beeinträchtigung	**14**
Geistige Behinderung	Irreversible Einschränkung der normalen intellektuellen Leistungsfähigkeit	**15**

16	Absicht	Zielgerichtetes Wollen in dem Sinne, dass es dem Täter gerade darauf ankommt, den Erfolg herbeizuführen (siehe § 15)
17	Wissentlichkeit	Sicheres Wissen (siehe § 15)
18	Unmittelbarkeits-zusammenhang	Über Kausalität und objektive Zurechnung hinausgehender tatbestandsspezifischer Zusammenhang, wonach sich gerade die dem Grundtatbestand anhaftende spezifische Gefahr in der schweren Folge niedergeschlagen haben muss (siehe § 18)

Vor § 227 Körperverletzung mit Todesfolge

1 **Aufbauschema**

Beachte: *Vor § 227 sollten § 222 sowie die §§ 223 f. geprüft werden. Dann kann im Tatbestand 1. entweder ganz weggelassen oder insoweit in aller Kürze auf die vorangegangene Prüfung verwiesen werden.*

I. Tatbestand
1. Erfüllung des Grundtatbestandes, § 223
2. Eintritt der Todesfolge
3. Kausalität zwischen Grunddelikt und Todesfolge
4. Generelle/objektive Sorgfaltspflichtverletzung bei objektiver Vorhersehbarkeit der Todeserfolge
5. (Sonstige) Objektive Zurechnung
6. Unmittelbarkeitszusammenhang

II. Rechtswidrigkeit

III. Schuld
1. Allgemeine Schuldmerkmale
2. Individuelle/subjektive Sorgfaltspflichtverletzung bei subjektiver Vorhersehbarkeit der schweren Folge

§ 227 Körperverletzung mit Todesfolge

1	Tod	Ende der Hirntätigkeit (Hirntod) (siehe § 212)
2	Verursachen	Kausal herbeiführen
3	Unmittelbarkeits-zusammenhang	Über Kausalität und objektive Zurechnung hinausgehender tatbestandsspezifischer Zusammenhang, wonach sich gerade die dem Grundtatbestand anhaftende spezifische Gefahr in der schweren Folge niedergeschlagen haben muss (siehe § 18)

Erfolgsqualifizierter Versuch	liegt vor, wenn schon der Versuch des Grunddelikts die schwere Folge (§ 18) herbeiführt.	4
Versuch der Erfolgsqualifikation	liegt vor, wenn das Grunddelikt vollendet, aber die zumindest mit dolus eventualis angestrebte schwere Folge (§ 18) nicht eingetreten, sondern nur „versucht" ist.	5

§ 228 Einwilligung

Einwilligung	Rechtfertigende Zustimmung zu einem tatbestandsmäßigen Verhalten (siehe Vor § 1)	1
Gute Sitten	Anstandsgefühl aller billig und gerecht Denkenden	2

§ 229 Fahrlässige Körperverletzung

Fahrlässigkeit	Generelle und individuelle Sorgfaltspflichtverletzung (siehe § 15)	1

§ 230 Strafantrag

Strafverfolgungsbehörde	Staatsanwaltschaft und Polizei	1
Besonderes öffentliches Interesse	Öffentliches Interesse, das über das an der Verfolgung von Straftaten stets bestehende hinausgeht	2

Vor § 231 Beteiligung an einer Schlägerei

Aufbauschema 1

I. Tatbestand
1. Objektiver Tatbestand
   a) Schlägerei oder von mehreren verübter Angriff
   b) Beteiligt
2. Subjektiver Tatbestand
3. Objektive Bedingung der Strafbarkeit
   a) Tod oder schwere Folge gem. § 226
   b) Verursachung durch die Schlägerei bzw. den Angriff

II. Rechtswidrigkeit
gem. ausdrücklichem Hinweis in § 231 II

III. Schuld
gem. ausdrücklichem Hinweis in § 231 II

§ 231 Beteiligung an einer Schlägerei

1	Schlägerei	Tätlicher Streit von mindestens drei Personen mit gegenseitigen Körperverletzungen
2	Von mehreren verübter Angriff	Unmittelbar auf die körperliche Verletzung eines anderen bezogenes Verhalten von mindestens zwei Personen mit einheitlichem Angriffsgegenstand, einheitlichem Angriffsziel und einheitlichem Angriffswillen
3	Beteiligt	ist jeder, der am Tatort zu den Auseinandersetzungen irgendwie beiträgt (z.B. durch Anfeuern, Abhalten von Helfern etc.).
4	Tod	Ende der Hirntätigkeit (Hirntod) (siehe § 212)

Straftaten gegen die persönliche Freiheit, §§ 232–241a

§ 235 Entziehung Minderjähriger

1	Gewalt	Körperlich wirkender Zwang (siehe § 240)
2	Drohung	Inaussichtstellung eines zukünftigen Übels, auf das der Drohende Einfluss zu haben vorgibt (siehe § 240)
3	Empfindlich	ist ein Übel, das geeignet ist, das Opfer im Sinne des Täterverlangens zu motivieren, es sei denn, dass erwartet werden kann, dass es der Drohung in besonnener Selbstbehauptung standhält (siehe § 240).
4	List	Geflissentliches und geschicktes Verbergen der wahren Absichten
5	Kind	Person unter 14 Jahren (siehe § 19)
6	Angehöriger	Z.B. Verwandte und Verschwägerte gerader Linie, Ehegatten, Verlobte, Geschwister (§ 11 I Nr. 1)
7	Entziehen	Beeinträchtigen des Personensorgerechts durch räumliche Trennung für eine gewisse Dauer, so dass es nicht mehr ausgeübt werden kann
8	Vorenthalten	Verweigern oder Erschweren der Herausgabe des Kindes
9	Verbringen	Fortschaffen
10	Tod	Ende der Hirntätigkeit (Hirntod) (siehe § 212)

Schwere Gesundheitsschädigung	Langwierige ernste Krankheit oder erhebliche Beeinträchtigung der Arbeitsfähigkeit für längere Zeit (siehe § 221)	11
Erhebliche Schädigung der körperlichen oder seelischen Entwicklung	Deutliche Abweichung von der voraussichtlichen normalen Entwicklung (siehe § 225)	12

§ 238 Nachstellung

Nachstellen	Jede Handlung, mit der der Täter in den persönlichen Lebensbereich des Opfers einzudringen unmittelbar ansetzt.	1
Beharrlich	Fortdauernd unter Missachtung des Opferwillens oder aus Gleichgültigkeit dessen Belangen gegenüber	2
Aufsuchen räumlicher Nähe	Gezieltes Herstellen einer geringen Entfernung zum Opfer	3
Telekommunikationsmittel	Technisches Medium zur Nachrichtenübertragung	4
Verwendung	Einsatz	5
Sonstige Mittel der Kommunikation	Jeder denkbare Gegenstand zur Nachrichtenübertragung	6
Kontakt herzustellen versuchen	Verhalten, das auf das Schaffen einer kommunikativen Verbindung abzielt	7
Missbräuchliche Verwendung	Zweckwidriger Einsatz	8
Daten	Alle codierten oder codierbaren Informationen unabhängig vom Verarbeitungsgrad (siehe § 263a)	9
Personenbezogen	Mit dem Menschen als solchem verbunden	10
Aufgeben von Bestellungen für jemanden	Veranlassen einer Lieferung oder Leistung in einer Weise, die geeignet ist, einem anderen zugerechnet zu werden	11
Schwerwiegendes Beeinträchtigen der Lebensgestaltung	Veranlassen unzumutbarer Einschränkungen oder Veränderungen äußerer Lebensverhältnisse des Opfers	12

13	Nahestehende Person	Person, zu der eine auf Dauer angelegte persönliche Beziehung besteht, die über den üblichen Sozialkontakt des Alltagslebens hinausgeht (siehe § 35)
14	Angehöriger	Z.B. Verwandte und Verschwägerte gerader Linie, Ehegatten, Verlobte, Geschwister (§ 11 I Nr. 1)
15	Bedrohung	Inaussichtstellen eines zukünftigen Übels, auf das der Drohende Einfluss zu haben vorgibt (siehe § 241)
16	Tod	Ende der Hirntätigkeit (Hirntod) (siehe § 212)
17	Schwere Gesundheitsschädigung	Langwierige ernste Krankheit oder erhebliche Beeinträchtigung der Arbeitsfähigkeit für längere Zeit (siehe § 221)

Vor § 239 Freiheitsberaubung

1 **Aufbauschema**

I. Tatbestand
- 1. Objektiver Tatbestand
  - a) Tatobjekt: Mensch
  - b) Tathandlung
    - aa) Abs. 1 Alt. 1: Einsperren oder
    - bb) Abs. 1 Alt. 2: Auf andere Weise der Freiheit berauben
- 2. Subjektiver Tatbestand

II. Rechtswidrigkeit

III. Schuld

Beachte: *Erfolgsqualifikationen, §§ 239 III, 239 IV*

§ 239 Freiheitsberaubung

1	Einsperren	Verhindern des Verlassens eines Raumes durch äußere Vorrichtungen
2	Auf andere Weise	Durch jedes Mittel, das die Fortbewegungsfreiheit aufhebt
3	Der Freiheit beraubt	ist, wer seinen Aufenthaltsort für einen nicht nur unerheblichen Zeitraum nicht verlassen kann.
4	Schwere Gesundheitsschädigung	Langwierige ernste Krankheit oder erhebliche Beeinträchtigung der Arbeitsfähigkeit für längere Zeit (siehe § 221)
5	Tod	Ende der Hirntätigkeit (Hirntod) (siehe § 212)

Unmittelbarkeits-zusammenhang	Über Kausalität und objektive Zurechnung hinausgehender tatbestandsspezifischer Zusammenhang, wonach sich gerade die dem Grundtatbestand anhaftende spezifische Gefahr in der schweren Folge niedergeschlagen haben muss (siehe § 18)	6

Vor § 239a Erpresserischer Menschenraub

Aufbauschema: § 239a I Var. 1 1

I. Tatbestand
1. Objektiver Tatbestand
   a) Tatobjekt: Mensch
   b) Tathandlung
      aa) Alt. 1: Entführen
      bb) Alt. 2
         (1) Sich-Bemächtigen
         (2) Bei Zwei-Personen-Verhältnis zusätzlich: Stabilisierung
2. Subjektiver Tatbestand
   a) Vorsatz
   b) Erpressungsausnutzungsabsicht („um … zu")
      aa) Beabsichtigte Drohung
      bb) Beabsichtigte Vermögensverfügung und bzw. oder Vermögensschädigung
      cc) zeitlich-funktionaler Zusammenhang
      dd) Absicht rechtswidriger (stoffgleicher) Bereicherung

II. Rechtswidrigkeit
III. Schuld
IV. Persönlicher Strafaufhebungsgrund
Tätige Reue, § 239a IV

Aufbauschema: § 239a I Var. 2 (Ausnutzungstatbestand) 2

I. Tatbestand
1. Objektiver Tatbestand
   a) Entführen oder Sich-Bemächtigen
   b) Ausnutzen zu einer (zumindest versuchten) Erpressung
2. Subjektiver Tatbestand
   a) Vorsatz
   b) Absicht rechtswidriger (stoffgleicher) Bereicherung

II. Rechtswidrigkeit
III. Schuld
IV. Persönlicher Strafaufhebungsgrund
Tätige Reue, § 239a IV

***Beachte:** Erfolgsqualifikation, § 239a III*

§ 239a Erpresserischer Menschenraub

1	Entführen	Verbringen des Opfers an einen anderen Ort
2	Sich bemächtigen	Erlangung physischer Gewalt über das Opfer, ohne dass es auf eine Ortsveränderung ankommt
3	Leichtfertig	handelt, wer grob fahrlässig handelt und nicht beachtet, was sich jedermann aufdrängen muss (siehe § 15).
4	Tod	Ende der Hirntätigkeit (Hirntod) (siehe § 212)
5	Unmittelbarkeitszusammenhang	Über Kausalität und objektive Zurechnung hinausgehender tatbestandsspezifischer Zusammenhang, wonach sich gerade die dem Grundtatbestand anhaftende spezifische Gefahr in der schweren Folge niedergeschlagen haben muss (siehe § 18)
6	Verzicht auf die erstrebte Leistung	Absehen von Forderung bzw. Rückgabe des Erhaltenen oder eines Äquivalents
7	In den Lebenskreis zurückgelangen lassen	Freilassen, so dass dem Opfer, wenn auch vielleicht nicht unversehrt, die Rückkehr an seinen Wohn- oder Arbeitsort ermöglicht wird
8	Ernsthaftes Bemühen	liegt vor, wenn der Täter alles tut, was aus seiner Sicht zur Erfolgsabwendung geeignet und nötig ist (siehe § 24).

Vor § 239b Geiselnahme

1 **Aufbauschema: § 239b I Var. 1**

I. Tatbestand
1. Objektiver Tatbestand
   a) Tatobjekt: Mensch
   b) Tathandlung
      aa) Alt. 1
         Entführen
      bb) Alt. 2
         (1) Sich-Bemächtigen
         (2) Bei Zwei-Personen-Verhältnis zusätzlich: Stabilisierung
2. Subjektiver Tatbestand
   a) Vorsatz
   b) Nötigungsausnutzungsabsicht („um … zu")

aa) Qualifiziertes Nötigungsmittel: Drohung mit Tod oder schwerer Körperverletzung i.S.d. § 226
bb) Erstrebter Nötigungserfolg
Handlung, Duldung oder Unterlassung
cc) zeitlich-funktionaler Zusammenhang
II. Rechtswidrigkeit
III. Schuld
IV. Persönlicher Strafaufhebungsgrund
Tätige Reue, § 239b II i.V.m. § 239a IV

Aufbauschema: § 239b I Var. 2 (Ausnutzungstatbestand) 2

I. Tatbestand
1. Objektiver Tatbestand
   a) Entführen oder Sich-Bemächtigen
   b) Ausnutzen zu einer (zumindest versuchten) qualifizierten Nötigung
2. Subjektiver Tatbestand

II. Rechtswidrigkeit
III. Schuld
IV. Persönlicher Strafaufhebungsgrund
Tätige Reue, § 239b II i.V.m. § 239a IV

***Beachte:** Erfolgsqualifikation, § 239b II i.V.m. § 239a III*

§ 239b Geiselnahme

Entführen	Verbringen des Opfers an einen anderen Ort (siehe § 239a)	1
Sich bemächtigen	Erlangung physischer Gewalt über das Opfer, ohne dass es auf eine Ortsveränderung ankommt (siehe § 239a)	2

Vor § 240 Nötigung

Aufbauschema 1

I. Tatbestand
1. Objektiver Tatbestand
   a) Tatobjekt: Mensch
   b) Tathandlung: Nötigen
   c) Tatmittel
      aa) Alt. 1: Gewalt
      bb) Alt. 2: Drohung mit einem empfindlichen Übel
   d) Nötigungserfolg: Handlung, Duldung oder Unterlassung
   e) Kausalität zwischen Nötigungshandlung und Nötigungserfolg

2. Subjektiver Tatbestand

II. Rechtswidrigkeit
1. Fehlen von Rechtfertigungsgründen
2. Verwerflichkeit, § 240 II
   a) aufgrund des Zwecks
   b) aufgrund des Mittels oder
   c) aufgrund der Zweck-Mittel-Relation

III. Schuld

IV. Strafzumessung
Besonders schwere Fälle, § 240 IV (Regelbeispiele)

§ 240 Nötigung

1	Nötigen	Aufzwingen eines Verhaltens gegen den Willen des Opfers
2	Gewalt	Körperlich wirkender Zwang
3	Drohung	Inaussichtstellen eines zukünftigen Übels, auf das der Drohende Einfluss zu haben vorgibt
4	Empfindlich	ist ein Übel, das geeignet ist, das Opfer im Sinne des Täterverlangens zu motivieren, es sei denn, dass erwartet werden kann, dass es der Drohung in besonnener Selbstbehauptung standhält.
5	Verwerflich	Sittlich in erhöhtem Grad zu missbilligen

§ 241 Bedrohung

1	Bedrohung	(wie die Drohung) Inaussichtstellen eines zukünftigen Übels, auf das der Drohende Einfluss zu haben vorgibt
2	Verbrechen	Rechtswidrige Taten, die im Mindestmaß mit Freiheitsstrafe von einem Jahr oder mehr bedroht sind (§ 12 I)
3	Nahestehende Person	Person, zu der eine auf Dauer angelegte persönliche Beziehung besteht, die über den üblichen Sozialkontakt des Alltagslebens hinausgeht (siehe § 35)

Diebstahl und Unterschlagung, §§ 242–248c

Vor § 242 Diebstahl

Aufbauschema 1

I. Tatbestand
1. Objektiver Tatbestand
   a) Tatobjekt
      aa) Sache
      bb) Fremd
      cc) Beweglich
   b) Tathandlung: Wegnahme
      aa) Fremder Gewahrsam
      bb) Begründung neuen Gewahrsams
      cc) Bruch
2. Subjektiver Tatbestand
   a) Vorsatz
   b) Zueignungsabsicht
      aa) (Absicht zumindest vorübergehender) Aneignung
      bb) (Vorsatz dauernder) Enteignung
      cc) (Vorsatz bzgl.) Rechtswidrigkeit der beabsichtigten Zueignung

II. Rechtswidrigkeit

III. Schuld

IV. Strafzumessung
Besonders schwere Fälle, § 243 (Regelbeispiele) ⇨ *Vor § 243*

V. Strafverfolgungsvoraussetzung
Strafantrag, §§ 247, 248a

Beachte: *Qualifikationen, §§ 244, 244a*

§ 242 Diebstahl

Sache	Körperlicher Gegenstand (§ 90 BGB)	1
Fremd	Zumindest auch im Eigentum eines anderen stehend	2
Beweglich	ist eine Sache, sobald sie tatsächlich fortbewegt werden kann	3
Wegnahme	Bruch fremden und Begründung neuen, nicht notwendig eigenen Gewahrsams	4

5	Gewahrsam	Tatsächliche willensgetragene Sachherrschaft
6	Bruch	Aufhebung gegen oder ohne den Willen des Gewahrsamsinhabers
7	Zueignungsabsicht	Absicht zumindest vorübergehender Aneignung plus Vorsatz dauernder Enteignung der Sache selbst oder des in der Sache verkörperten Sachwerts
8	Aneignung	Anmaßung einer eigentümerähnlichen Stellung
9	Enteignung	Verdrängung des Eigentümers aus seiner Position
10	Rechtswidrig	ist die beabsichtigte Zueignung, wenn kein fälliger einredefreier Anspruch auf Übereignung der Sache besteht.

Vor § 243 Besonders schwerer Fall des Diebstahls

1 **Aufbauschema**

Beachte: *Dieses Aufbauschema ist ein spezielles Schema für den Prüfungspunkt Strafzumessung im Rahmen des Diebstahls, § 242*

IV. Strafzumessung

1. (Objektives) Vorliegen sämtlicher Merkmale eines Regelbeispiels gem. § 243 I 2 Nr. 1–7
2. Vorsatz bzgl. der Regelbeispielsmerkmale
3. Geringwertigkeitsklausel, § 243 II
4. Kein Entfallen der Indizwirkung

§ 243 Besonders schwerer Fall des Diebstahls

1	Umschlossener Raum	Jedes von Menschen betretbare, durch künstliche Hindernisse gegen das Betreten durch Unbefugte geschützte Raumgebilde
2	Gebäude	Durch Wände und Dach begrenztes, mit Grund und Boden fest verbundenes Bauwerk, das den Eintritt von Menschen ermöglicht
3	Geschäftsraum	Räumlichkeit, die für gewisse Zeit oder dauernd gewerblichen, künstlerischen, wissenschaftlichen oder ähnlichen, nicht notwendig erwerbswirtschaftlichen Zwecken dient

Dienstraum	Räumlichkeit, in der bestimmungsgemäß auf öffentlich-rechtlichen Vorschriften beruhende Tätigkeiten ausgeübt werden (z.B. Behörden, Gerichts-, Schulgebäude)	**4**
Einbrechen	Gewaltsame, nicht notwendig substanzverletzende Öffnung einer dem Zutritt entgegenstehenden Umschließung	**5**
Einsteigen	Hineingelangen in einen Raum auf einem dafür nicht bestimmten Wege	**6**
Eindringen	Hineingelangen mit zumindest einem Teil des Körpers	**7**
Sichverborgenhalten	Sich dem Gesehenwerden dadurch entziehen, dass man sich unbefugt an einer Stelle aufhält, an der man nicht erwartet wird	**8**
Schlüssel	Instrument zum Betätigen von Schlössern	**9**
Falsch	ist ein Schlüssel, wenn er zur Tatzeit vom Berechtigten nicht zur Öffnung des Schlosses bestimmt ist.	**10**
Werkzeug	Instrument zur Einwirkung auf den Mechanismus eines Schlosses	**11**
Nicht zur ordnungsgemäßen Öffnung bestimmt	sind alle Werkzeuge, die auf den Schließmechanismus einwirken und ihn regelwidrig in Bewegung setzen, ohne Schlüssel zu sein.	**12**
Behältnis	Raumgebilde zur Aufnahme von Sachen, das diese umschließt und nicht dazu bestimmt ist, von Menschen betreten zu werden	**13**
Verschlossen	ist das Behältnis, wenn es gegen ordnungswidrigen Zugriff gesichert ist.	**14**
Andere Schutzvorrichtung	Jede von Menschen geschaffene Einrichtung, die der Art nach geeignet und bestimmt ist, die Wegnahme einer Sache mindestens zu erschweren.	**15**
Gegen Wegnahme besonders gesichert	ist eine Sache, wenn der Täter die Schutzvorrichtung überwinden (nicht umgehen) muss, um an die Sache zu gelangen.	**16**
Gewerbsmäßig	handelt, wer die Absicht hat, sich durch wiederholte Tatbegehung eine fortlaufende Einnahmequelle von einiger Dauer und einigem Umfang zu verschaffen.	**17**

18	Kirche	Mindestens ganz überwiegend dem Gottesdienst gewidmetes Gebäude
19	Anderes der Religionsausübung dienendes Gebäude	Räumlichkeit, die einer spezifisch religionsbezogenen Tätigkeit dient
20	Dem Gottesdienst gewidmet	sind Sachen, an oder mit denen gottesdienstliche Handlungen vorgenommen werden.
21	Von Bedeutung für Wissenschaft, Kunst, Geschichte oder für die technische Entwicklung	ist eine Sache, wenn ihr Verlust eine spürbare Einbuße, wenn auch nur für einen lokalen Bereich oder eine Teildisziplin, darstellen würde.
22	Sammlung	Mehrheit von Gegenständen, die zusammengetragen wurde
23	Allgemein zugänglich	ist eine Sache, wenn der Zutritt zu ihr oder die Benutzung einem nach Zahl und Individualität unbestimmten oder für einen durch persönliche Beziehungen innerlich verbundenen bestimmten Kreis von Personen gewährt wird.
24	Öffentlich ausgestellt	ist eine Sache, die sich zur Besichtigung an einem öffentlichen Ort oder in einer allgemein zugänglichen Ausstellung befindet.
25	Hilflos	ist, wer außerstande ist, sich aus eigener Kraft vor drohender Lebens- oder ernsten Gesundheitsgefahren zu schützen.
26	Unglücksfall	Plötzlich eintretendes, unerwartetes Ereignis mit erheblicher Schadensneigung (siehe § 323c)
27	Gemeine Gefahr	Gefährdung einer unüberschaubaren Zahl von Menschen oder bedeutender Sachwerte
28	Ausnutzen	Handeln in Kenntnis der die Tat erleichternden Umstände
29	Sprengstoff	Stoff, der bei Entzündung zu einer plötzlichen Ausdehnung von Flüssigkeiten oder Gasen und dadurch zu einer Sprengwirkung führt
30	Geringwertig	ist eine Sache, wenn ihr Gewinn oder Verlust nach der Verkehrsauffassung als finanziell unerheblich angesehen wird.

Vor § 244 Diebstahl mit Waffen; Bandendiebstahl; Wohnungseinbruchsdiebstahl

Aufbauschema 1

Beachte: *Vor § 244 sollte § 242 geprüft werden. Dann können im Tatbestand 1a) und 2a) entweder ganz weggelassen oder insoweit in aller Kürze auf die vorangegangene Prüfung verwiesen werden.*

I. Tatbestand

1. Objektiver Tatbestand
   a) Erfüllung des Grundtatbestandes, § 242
   b) Qualifikation, § 244
      aa) Nr. 1a
         (1) Alt. 1: Waffe
             Alt. 2: Gefährliches Werkzeug
         (2) Beisichführen
      bb) Nr. 1b
         (1) Sonst ein Werkzeug oder Mittel
         (2) Beisichführen
      cc) Nr. 2
         (1) Mitglied einer Bande
         (2) Zur fortgesetzten Begehung verbunden
         (3) Unter Mitwirkung eines anderen Bandenmitglieds
      dd) Nr. 3
         (1) Tatobjekt: Wohnung
         (2) Tathandlung
             Alt. 1: Einbrechen, Einsteigen, Eindringen mit falschem Schlüssel oder anderem nicht zur ordnungsgemäßen Öffnung bestimmten Werkzeug
             Alt. 2: Sichverborgenhalten
         (3) Zur Ausführung des Diebstahls
2. Subjektiver Tatbestand
   a) Bzgl. § 242 (Diebstahlsvorsatz und Zueignungsabsicht)
   b) Bzgl. § 244
      aa) Vorsatz
      bb) Bei Nr. 1b zusätzlich: Verwendungsabsicht („um … zu")

II. Rechtswidrigkeit
(Prüfungspunkt entfällt, wenn keine Abweichung zum Grunddelikt)

III. Schuld
(Prüfungspunkt entfällt, wenn keine Abweichung zum Grunddelikt)

IV. Strafverfolgungsvoraussetzung
Strafantrag, § 247

§ 244 Diebstahl mit Waffen; Bandendiebstahl; Wohnungseinbruchsdiebstahl

1	Waffe	(im technischen Sinne) ist jeder Gegenstand, der seiner Bauart nach dazu bestimmt ist, erhebliche Verletzungen beizubringen (siehe § 224).
2	Gefährliches Werkzeug	Körperlicher Gegenstand, der nach seiner objektiven Beschaffenheit oder Art seiner Verwendung im konkreten Einzelfall nach Vorstellung des Täters geeignet ist, erhebliche Verletzungen herbeizuführen
3	Sonst ein Werkzeug oder Mittel	Nicht notwendig objektiv gefährlicher körperlicher Gegenstand (z.B. Scheinwaffe; ungeladene Schusswaffe etc.)
4	Beisichführen	Zu irgendeinem Zeitpunkt der Tat Zugriff darauf haben
5	Bande	Auf ausdrücklicher oder stillschweigender Vereinbarung beruhender Zusammenschluss von mindestens drei Personen
6	Fortgesetzte Begehung	Begehung mehrerer selbstständiger, im Einzelnen noch unbestimmter Taten
7	Mitwirkung eines anderen Bandenmitglieds	Nicht notwendig zeitliches oder örtliches Zusammenwirken voraussetzende Beteiligung
8	Wohnung	Räumlichkeit, die bestimmungsgemäß – auch nur vorübergehend – zur Unterkunft von Menschen dient (siehe § 123)
9	Einsteigen	Hineingelangen in einen Raum auf einem dafür nicht bestimmten Wege (siehe § 243)
10	Schlüssel	Instrument zum Betätigen von Schlössern (siehe § 243)
11	Falsch	ist ein Schlüssel, wenn er zur Tatzeit vom Berechtigten nicht zur Öffnung des Schlosses bestimmt ist (siehe § 243)
12	Werkzeug	Instrument zur Einwirkung auf den Mechanismus eines Schlosses (siehe § 243)
13	Nicht zur ordnungsgemäßen Öffnung bestimmt	sind Werkzeuge, die auf den Schließmechanismus einwirken und ihn regelwidrig in Bewegung setzen, ohne Schlüssel zu sein (siehe § 243).

Sichverborgenhalten	Sich dem Gesehenwerden dadurch entziehen, dass man sich unbefugt an einer Stelle aufhält, an der man nicht erwartet wird (siehe § 243)	14

Vor § 244a Schwerer Bandendiebstahl

Aufbauschema 1

Beachte: *Vor § 244a sollten § 242 i.V.m. § 243 sowie § 244 I Nr. 1 und 3 geprüft werden. Dann können im Tatbestand 1a) und 2a-b) entweder ganz weggelassen oder insoweit in aller Kürze auf die vorangegangene Prüfung verwiesen werden.*

I. Tatbestand

1. Objektiver Tatbestand
   a) Erfüllung des Grundtatbestandes, d.h. § 242 i.V.m. § 243 I 2 bzw. § 244 I Nr. 1 oder 3
   b) Qualifikationsmerkmale, § 244a
      aa) Mitglied einer Bande
      bb) Zur fortgesetzten Begehung verbunden
      cc) Unter Mitwirkung eines Bandenmitglieds
2. Subjektiver Tatbestand
   a) Bzgl. § 242 (Diebstahlsvorsatz und Zueignungsabsicht)
   b) Falls § 244 I Nr. 1 oder 3 als Grunddelikt zusätzlich: Vorsatz bzgl. dessen Qualifikationsmerkmale
   c) Vorsatz bzgl. der (weiteren) Qualifikation, § 244a

II. Rechtswidrigkeit

(Prüfungspunkt entfällt, wenn keine Abweichung zum Grunddelikt)

III. Schuld

(Prüfungspunkt entfällt, wenn keine Abweichung zum Grunddelikt)

IV. Strafverfolgungsvoraussetzung

Strafantrag, § 247

§ 244a Schwerer Bandendiebstahl

Fortgesetzte Begehung	Begehung mehrerer selbstständiger, im Einzelnen noch unbestimmter Taten (siehe § 244)	1
Bande	Auf ausdrücklicher oder stillschweigender Vereinbarung beruhender Zusammenschluss von mindestens drei Personen (siehe § 244)	2

3	Mitwirkung eines anderen Bandenmitglieds	Nicht notwendig zeitliches oder örtliches Zusammenwirken voraussetzende Beteiligung (siehe § 244)

Vor § 246 Unterschlagung

1

Aufbauschema

I. Tatbestand
1. Objektiver Tatbestand
   a) Tatobjekt
      aa) Sache
      bb) Fremd
      cc) Beweglich
   b) Tathandlung: Zueignung
   c) Rechtswidrigkeit der Zueignung
2. Subjektiver Tatbestand

II. Rechtswidrigkeit

III. Schuld

IV. Strafverfolgungsvoraussetzung
Strafantrag, §§ 247, 248a

Beachte: *Qualifikation, § 246 II (anvertraut)*
Subsidiaritätsklausel, § 246 I a.E.

§ 246 Unterschlagung

1	Sache	Körperlicher Gegenstand (§ 90 BGB)
2	Fremd	Zumindest auch im Eigentum eines anderen stehend (siehe § 242)
3	Beweglich	ist eine Sache, sobald sie tatsächlich fortbewegt werden kann (siehe § 242)
4	Zueignung	Manifestation des Zueignungswillens
5	Anvertraut	ist eine Sache, über die dem Täter die Sachherrschaft mit der Verpflichtung eingeräumt wurde, mit der Sache bestimmungsgemäß zu verfahren.

§ 247 Haus- und Familiendiebstahl

Angehöriger	Z.B. Verwandte und Verschwägerte gerader Linie, Ehegatten, Verlobte, Geschwister (§ 11 I Nr. 1)	**1**
Häusliche Gemeinschaft	Zusammenleben auf gewisse Dauer aufgrund freien und ernstlichen Willens der Haushaltsmitglieder	**2**

§ 248a Diebstahl und Unterschlagung geringwertiger Sachen

Geringwertig	ist eine Sache, wenn ihr Gewinn oder Verlust nach der Verkehrsauffassung als finanziell unerheblich angesehen wird (siehe § 243).	**1**
Besonderes öffentliches Interesse	Öffentliches Interesse, das über das an der Verfolgung von Straftaten stets bestehende hinausgeht (siehe § 230)	**2**

§ 248b Unbefugter Gebrauch eines Fahrzeugs

Fahrrad	Radgebundenes Fortbewegungsmittel, das mit den Füßen oder Händen bewegt wird	**1**
Ingebrauchnehmen	Vorübergehendes eigenmächtiges Ingangsetzen als Fortbewegungsmittel	**2**

§ 248c Entziehung elektrischer Energie

Entziehung	Einseitig bewirkte Minderung des Energievorrats durch Entnahme	**1**
Fremde elektrische Energie	Elektrizität, über die zu verfügen dem Täter nicht zusteht	**2**
Elektrische Anlage oder Einrichtung	Sachgesamtheit zur Erzeugung, Weiterleitung oder Ansammlung von elektrischer Energie	**3**
Leiter	Jeder Körper, der aufgrund seiner physikalischen Beschaffenheit geeignet ist, Elektrizität aufzunehmen und zu übertragen	**4**

Raub und Erpressung, §§ 249–256

Vor § 249 Raub

1 **Aufbauschema**

I. Tatbestand
- 1. Objektiver Tatbestand
  - a) Tatobjekt
    - aa) Sache
    - bb) Fremd
    - cc) Beweglich
  - b) Tathandlung
    - aa) Wegnahme *(siehe § 242)*
    - bb) Einsatz eines qualifizierten Nötigungsmittels i.S.d. § 240
      - Alt. 1: Gewalt gegen eine Person
      - Alt. 2: Drohung mit gegenwärtiger Gefahr für Leib oder Leben
    - cc) Raubspezifischer Zusammenhang („mit" Gewalt bzw. „unter" Drohung)
- 2. Subjektiver Tatbestand
  - a) Vorsatz
  - b) Zueignungsabsicht *(siehe § 242)*

II. Rechtswidrigkeit

III. Schuld

Beachte: *Qualifikationen, § 250 I*
Weitere Qualifikation § 250 II
Erfolgsqualifikation, § 251

§ 249 Raub

1	Sache	Körperlicher Gegenstand (§ 90 BGB)
2	Fremd	Zumindest auch im Eigentum eines anderen stehend (siehe § 242)
3	Beweglich	ist eine Sache, sobald sie tatsächlich fortbewegt werden kann (siehe § 242)
4	Wegnahme	Bruch fremden und Begründung neuen, nicht notwendig eigenen Gewahrsams (siehe § 242)
5	Gewalt	Körperlich wirkender Zwang (siehe § 240)

Gegen eine Person	Gegenüber Menschen, nicht Sachen	6
Drohung	Inaussichtstellen eines zukünftigen Übels, auf das der Drohende Einfluss zu haben vorgibt (siehe § 240)	7
Gegenwärtige Gefahr	Gefahr, die jederzeit in einen Schaden umschlagen kann	8
Mit/unter	Raubspezifischer Zusammenhang	9

Vor § 250 Schwerer Raub

Aufbauschema: § 250 I 1

Beachte: *Vor § 250 sollte § 249 geprüft werden. Dann können im Tatbestand 1a) und 2a) entweder ganz weggelassen oder insoweit in aller Kürze auf die vorangegangene Prüfung verwiesen werden.*

I. Tatbestand
1. Objektiver Tatbestand
   a) Erfüllung des Grundtatbestandes, § 249
   b) Qualifikationsmerkmale, § 250
      aa) Nr. 1a (1) Alt. 1: Waffe
                 Alt. 2: Gefährliches Werkzeug
              (2) Beisichführen
      bb) Nr. 1b (1) Sonst ein Werkzeug oder Mittel
              (2) Beisichführen
      cc) Nr. 1c: Gefahr schwerer Gesundheitsschädigung für eine andere Person
      dd) Nr. 2 (1) Mitglied einer Bande
              (2) Zur fortgesetzten Begehung verbunden
              (3) Unter Mitwirkung eines anderen Bandenmitglieds
2. Subjektiver Tatbestand
   a) Bzgl. § 249 (Raubvorsatz und Zueignungsabsicht)
   b) Bzgl. § 250 I
      aa) Vorsatz
      bb) Bei Nr. 1b zusätzlich: Verwendungsabsicht („um … zu“)

II. Rechtswidrigkeit
(Prüfungspunkt entfällt, wenn keine Abweichung zum Grunddelikt)

III. Schuld
(Prüfungspunkt entfällt, wenn keine Abweichung zum Grunddelikt)

Beachte: *Qualifikation, § 250 II*
Erfolgsqualifikation, § 251

2 **Aufbauschema: § 250 II**

Beachte: *Vor § 250 II sollten § 249 und § 250 I geprüft werden. Dann können im Tatbestand 1a) und b) bb (1) sowie 2a)–b) entweder ganz weggelassen oder insoweit in aller Kürze auf die vorangegangene Prüfung verwiesen werden.*

I. Tatbestand

1. Objektiver Tatbestand
   a) Erfüllung des Grundtatbestandes, § 249 bzw. § 250 I
   b) (Weitere) Qualifikation, § 250 II
      aa) Nr. 1: (1) Alt. 1: Waffe
      Alt. 2: Gefährliches Werkzeug
      (2) Verwenden
      bb) Nr. 2 (1) Erfüllung des Grundtatbestandes des § 250 I Nr. 2
      (2) Waffe
      (3) Beisichführen
      cc) Nr. 3a Schwere körperliche Misshandlung einer anderen Person
      Nr. 3b Gefahr des Todes für eine andere Person
2. Subjektiver Tatbestand
   a) Bzgl. § 249 (Raubvorsatz und Zueignungsabsicht)
   b) Bzgl. § 250 I (Grunddelikt): Vorsatz bzgl. dessen Qualifikationsmerkmale
   c) Bzgl. § 250 II: Vorsatz

II. Rechtswidrigkeit

(Prüfungspunkt entfällt, wenn keine Abweichung zum Grunddelikt)

III. Schuld

(Prüfungspunkt entfällt, wenn keine Abweichung zum Grunddelikt)

§ 250 Schwerer Raub

1	Waffe	(im technischen Sinne) ist jeder Gegenstand, der seiner Bauart nach dazu bestimmt ist, erhebliche Verletzungen beizubringen (siehe § 224).
2	Gefährliches Werkzeug	Körperlicher Gegenstand, der nach seiner objektiven Beschaffenheit und Art seiner Verwendung im konkreten Einzelfall nach Vorstellung des Täters geeignet ist, erhebliche Verletzungen herbeizuführen (siehe § 244)
3	Beisichführen	Zu irgendeinem Zeitpunkt der Tat Zugriff darauf haben (siehe § 244)
4	Sonst ein Werkzeug oder Mittel	Nicht notwendig objektiv gefährlicher körperlicher Gegenstand (z.B. Scheinwaffen; ungeladene Schusswaffen etc.) (siehe § 244)

Gewalt	Körperlich wirkender Zwang (siehe § 240)	**5**
Drohung	Inaussichtstellen eines zukünftigen Übels, auf das der Drohende Einfluss zu haben vorgibt (siehe § 240)	**6**
Schwere Gesundheits-schädigung	Langwierige ernste Krankheit oder erhebliche Beeinträchtigung der Arbeitsfähigkeit für längere Zeit (siehe § 221)	**7**
Bande	Auf ausdrücklicher oder stillschweigender Vereinbarung beruhender Zusammenschluss von mindestens drei Personen (siehe § 244)	**8**
Fortgesetzte Begehung	Begehung mehrerer selbstständiger, im Einzelnen noch unbestimmter Taten (siehe § 244)	**9**
Mitwirkung eines anderen Bandenmitglieds	Nicht notwendig zeitliches oder örtliches Zusammenwirken voraussetzende Beteiligung (siehe § 244)	**10**
Beteiligter	Täter oder Teilnehmer (§ 28 II)	**11**
Verwenden	Jeder zweckgerichtete Einsatz	**12**
Schwere körperliche Misshandlung	Beeinträchtigung der körperlichen Integrität des Opfers mit erheblichen Folgen oder in einer Weise, die mit erheblichen Schmerzen verbunden ist	**13**

Vor § 251 Raub mit Todesfolge

Aufbauschema **1**

***Beachte:** Vor § 251 sollten die §§ 249 ff. sowie § 222 geprüft werden. Dann kann im Tatbestand 1. entweder ganz weggelassen oder insoweit in aller Kürze auf die vorangegangene Prüfung verwiesen werden.*

I. Tatbestand
1. Erfüllung des Grundtatbestandes, § 249 oder § 250
2. Eintritt der Todesfolge
3. Kausalität zwischen Grunddelikt und Todesfolge
4. Vorsatz oder Fahrlässigkeit bzgl. der Folge, letzterenfalls
   a) Generelle/objektive Sorgfaltspflichtverletzung bei objektiver Vorhersehbarkeit der Todesfolge
   b) Leichtfertigkeit
5. (Sonstige) Objektive Zurechnung
6. Zumindest bei Fahrlässigkeit zusätzlich: Unmittelbarkeitszusammenhang

II. Rechtswidrigkeit
(Prüfungspunkt entfällt, wenn keine Abweichung zum Grunddelikt)

III. Schuld
1. Allgemeine Schuldmerkmale
2. Bei Leichtfertigkeit: Individuelle/subjektive grobe Sorgfaltspflichtverletzung bei subjektiver Vorhersehbarkeit der Todesfolge

§ 251 Raub mit Todesfolge

1	Leichtfertig	handelt, wer grob fahrlässig handelt und nicht beachtet, was sich jedermann aufdrängen muss (siehe § 15).
2	Tod	Ende der Hirntätigkeit (Hirntod) (siehe § 212)
3	Unmittelbarkeitszusammenhang	Über Kausalität und objektive Zurechnung hinausgehender tatbestandsspezifischer Zusammenhang, wonach sich gerade die dem Grundtatbestand anhaftende spezifische Gefahr in der schweren Folge niedergeschlagen haben muss (siehe § 18)

Vor § 252 Räuberischer Diebstahl

1 **Aufbauschema**

I. Tatbestand
1. Objektiver Tatbestand
   a) Tatsituation
      aa) Bei einem Diebstahl
      bb) Auf frischer Tat
      cc) Betroffen
   b) Tathandlung
      Alt. 1: Gewalt gegen eine Person verüben
      Alt. 2: Drohung mit gegenwärtiger Gefahr für Leib oder Leben anwenden
2. Subjektiver Tatbestand
   a) Vorsatz
   b) Besitzerhaltungsabsicht

II. Rechtswidrigkeit

III. Schuld

Beachte: *Qualifikationen, §§ 250 I, II („gleich einem Räuber")*
Erfolgsqualifikation, § 251

§ 252 Räuberischer Diebstahl

1	Bei einem Diebstahl	Zwischen Vollendung und Beendigung des Diebstahls

Auf frischer Tat	In Tatortnähe und alsbald nach Tatausführung	2
Betroffen	Durch Sehen oder Hören wahrgenommen	3
Gewalt	Körperlich wirkender Zwang (siehe § 240)	4
Gegen eine Person	Gegenüber Menschen, nicht Sachen (siehe § 249)	5
Drohung	Inaussichtstellen eines zukünftigen Übels, auf das der Drohende Einfluss zu haben vorgibt (siehe § 240)	6
Gegenwärtige Gefahr	Gefahr, die jederzeit in einen Schaden umschlagen kann (siehe § 249)	7

Vor § 253 Erpressung

Aufbauschema 1

I. Tatbestand
1. Objektiver Tatbestand
   a) Tatobjekt: Mensch
   b) Tathandlung: Nötigen
   c) Nötigungsmittel
      aa) Alt. 1: Gewalt
      bb) Alt. 2: Drohung mit einem empfindlichen Übel
   d) Nötigungserfolg: Handlung, Duldung oder Unterlassung (Vermögensverfügung)
   e) Vermögensschaden
   f) Kausalität (zwischen Nötigungshandlung und Nötigungserfolg sowie zwischen Nötigungserfolg und Vermögensschaden)
2. Subjektiver Tatbestand
   a) Vorsatz
   b) Bereicherungsabsicht
      aa) Stoffgleichheit
      bb) Rechtswidrigkeit der beabsichtigten Bereicherung („zu Unrecht")

II. Rechtswidrigkeit
1. Fehlen von Rechtfertigungsgründen
2. Verwerflichkeit, § 253 II

III. Schuld

IV. Strafzumessung
Besonders schwere Fälle, § 253 IV 2 (Regelbeispiele)

Beachte: *Qualifikation, § 255*
Weitere Qualifikationen §§ 250–251 i.V.m. § 255

§ 253 Erpressung

1	Gewalt	Körperlich wirkender Zwang (siehe § 240)
2	Drohung	Inaussichtstellen eines zukünftigen Übels, auf das der Drohende Einfluss zu haben vorgibt (siehe § 240)
3	Empfindlich	ist ein Übel, das geeignet ist, das Opfer im Sinne des Täterverlangens zu motivieren, es sei denn, dass erwartet werden kann, dass es der Drohung in besonnener Selbstbehauptung standhält (siehe § 240).
4	Nötigen	Aufzwingen eines bestimmten Verhaltens gegen den Willen des Opfers (siehe § 240)
5	Vermögensnachteil	Vermögensschaden
6	Verwerflich	Sittlich in erhöhtem Grad zu missbilligen (siehe § 240)
7	Um sich zu bereichern	Bereicherungsabsicht
8	Zu Unrecht	Rechtswidrig in dem Sinne, dass der Täter keinen rechtlichen Anspruch darauf hat.
9	Stoffgleichheit	ist gegeben, wenn der rechtswidrige Vermögensvorteil und der eingetretene Schaden auf derselben Vermögensverfügung beruhen, der Vermögensvorteil also unmittelbar die Kehrseite des Schadens bildet (siehe § 263).
10	Gewerbsmäßig	handelt, wer die Absicht hat, sich durch wiederholte Tatbegehung eine fortlaufende Einnahmequelle von einiger Dauer und einigem Umfang zu verschaffen (siehe § 243).
11	Bande	Auf ausdrücklicher oder stillschweigender Vereinbarung beruhender Zusammenschluss von mindestens drei Personen (siehe § 244)
12	Fortgesetzte Begehung	Begehung mehrerer selbstständiger, im Einzelnen noch unbestimmter Taten (siehe § 244)

Vor § 255 Räuberische Erpressung

Aufbauschema 1

Beachte: *Vor § 255 sollte § 253 geprüft werden. Dann können im Tatbestand 1a) und 2a) entweder ganz weggelassen oder insoweit in aller Kürze auf die vorangegangene Prüfung verwiesen werden.*

I. Tatbestand

1. Objektiver Tatbestand
   a) Erfüllung des Grundtatbestandes, § 253
   b) Qualifikationsmerkmal, § 255
   Einsatz eines qualifizierten Nötigungsmittels
   aa) Alt. 1: Gewalt gegen eine Person
   bb) Alt. 2: Drohung mit gegenwärtiger Gefahr für Leib oder Leben
2. Subjektiver Tatbestand
   a) Bzgl. § 253 (inkl. Bereicherungsabsicht)
   b) Bzgl. § 255: Vorsatz

II. Rechtswidrigkeit
(Prüfungspunkt entfällt, wenn keine Abweichung zum Grunddelikt)

III. Schuld
(Prüfungspunkt entfällt, wenn keine Abweichung zum Grunddelikt)

Beachte: *Qualifikationen, §§ 250 I, II („gleich einem Räuber")*
Erfolgsqualifikation, § 251

§ 255 Räuberische Erpressung

Gewalt	Körperlich wirkender Zwang (siehe § 240)	1
Gegen eine Person	Gegenüber Menschen, nicht Sachen (siehe § 249)	2
Drohung	Inaussichtstellen eines zukünftigen Übels, auf das der Drohende Einfluss zu haben vorgibt (siehe § 240)	3
Gegenwärtige Gefahr	Gefahr, die jederzeit in einen Schaden umschlagen kann (siehe § 249)	4
Gleich einem Räuber	Nach den §§ 249–251	5

Begünstigung und Hehlerei, §§ 257–262

Vor § 257 Begünstigung

1

Aufbauschema
I. Tatbestand 1. Objektiver Tatbestand a) Vortat aa) Rechtswidrige Tat bb) Eines anderen cc) Begangen b) Tatobjekt: Vorteil c) Tathandlung: Hilfeleisten 2. Subjektiver Tatbestand a) Vorsatz b) Vorteilssicherungsabsicht **II. Rechtswidrigkeit** **III. Schuld** **IV. Persönlicher Strafausschließungsgrund** Vortatbeteiligung, § 257 III 1 (Ausnahme: § 257 III 2) **V. Strafverfolgungsvoraussetzung** Strafantrag, § 257 IV 1 und 2 i.V.m. § 248a

§ 257 Begünstigung

1	Rechtswidrige Tat	Handlung, die den Tatbestand eines Strafgesetzes verwirklicht (§ 11 I Nr. 5)
2	Begangen	ist die Vortat, wenn sie mindestens in mit Strafe bedrohter Form vorbereitet oder versucht wurde.
3	Vorteil	Jede unmittelbar durch die Straftat erlangte Besserstellung des Vortäters
4	Hilfeleisten	Jede Handlung, die (objektiv) geeignet (und subjektiv darauf gerichtet) ist, die durch die Vortat erlangten Vorteile gegen Entziehung zugunsten des Verletzten zu sichern.
5	Absicht	Zielgerichtetes Wollen in dem Sinne, dass es dem Täter gerade darauf ankommt, den Erfolg herbeizuführen (siehe § 15)

Vor § 258 Strafvereitelung

Aufbauschema 1

I. Tatbestand
- 1. Objektiver Tatbestand
  - a) Abs. 1 (Verfolgungsvereitelung)
    - aa) Vortat
      - (1) Rechtswidrige Tat
      - (2) Eines anderen
    - bb) Tathandlung/Erfolg
      - (1) Vereitelung
      - (2) Gegenstand: Bestrafung (Alt. 1: Strafvereitelung) oder Maßnahme (Alt. 2: Maßnahmevereitelung)
      - (3) Umfang: Ganz oder zum Teil
  - b) Abs. 2 (Vollstreckungsvereitelung)
    - aa) Tatsituation
      - (1) Strafe oder Maßnahme
      - (2) Gegen einen anderen
      - (3) Verhängt
    - bb) Tathandlung/Erfolg
      - (1) Vereitelung
      - (2) Gegenstand: Vollstreckung
      - (3) Umfang: Ganz oder zum Teil
- 2. Subjektiver Tatbestand
  - a) Vorsatz bzgl. Vortat (Abs. 1) bzw. rechtskräftiger Strafe oder Maßnahme (Abs. 2)
  - b) Wissentlichkeit oder Absicht bzgl. Vereitelung

II. Rechtswidrigkeit

III. Schuld

IV. Persönliche Strafausschließungsgründe
- 1. Selbstbegünstigungsprivileg, Abs. 5
- 2. Angehörigenprivileg, Abs. 6

Beachte: *Qualifikation, § 258a (Amtsdelikt)*

§ 258 Strafvereitelung

Rechtswidrige Tat	Handlung, die den Tatbestand eines Strafgesetzes verwirklicht (§ 11 I Nr. 5)	1
Vereitelung	Jede Besserstellung des Täters der Vortat im Hinblick auf Strafverfolgung oder Strafvollstreckung	2

3	Zum Teil	vereitelt ist die Strafe dann, wenn eine Bestrafung des Vortäters entgegen dem wahren Sachverhalt nur wegen eines Vergehens statt eines Verbrechens bewirkt oder wenn nur ein Teil eines Gewinns aus der Tat für verfallen erklärt wird.
4	Absicht	Zielgerichtetes Wollen in dem Sinne, dass es dem Täter gerade darauf ankommt, den Erfolg herbeizuführen (siehe § 15)
5	Wissentlichkeit	Sicheres Wissen (siehe § 15)
6	Vollstreckung	Durchsetzung rechtskräftiger Entscheidungen und sonstige formale Zwangsbeitreibung

Vor § 258a Strafvereitelung im Amt

1 **Aufbauschema**

Beachte: *Vor § 258a sollte § 258 geprüft werden. Dann können im Tatbestand 1a) und 2a) entweder ganz weggelassen oder insoweit in aller Kürze auf die vorangegangene Prüfung verwiesen werden.*

I. Tatbestand
1. Objektiver Tatbestand
   a) Erfüllung des Grundtatbestandes, § 258a Abs. 1 oder 2
   b) Qualifikation, § 258a
      aa) Amtsträger
      bb) Zur Mitwirkung berufen
         (1) im Strafverfahren (Var. 1) oder
         (2) im Verfahren zur Anordnung der Maßnahme (Var. 2) oder
         (3) bei der Vollstreckung (Var. 3)
2. Subjektiver Tatbestand
   a) Bzgl. § 258 (Wissentlichkeit oder Absicht bzgl. Vereitelung)
   b) Bzgl. § 258a: Vorsatz

II. Rechtswidrigkeit
(Prüfungspunkt entfällt, wenn keine Abweichung zum Grunddelikt)

III. Schuld
(Prüfungspunkt entfällt, wenn keine Abweichung zum Grunddelikt)

IV. Persönlicher Strafausschließungsgrund
§ 258a i.V.m. § 258 V (Selbstbegünstigungsprivileg) gem. Abs. 3

§ 258a Strafvereitelung im Amt

Amtsträger	Wer nach deutschem Recht Beamter oder Richter ist, in einem sonstigen öffentlich-rechtlichen Amtsverhältnis steht oder sonst zur Wahrnehmung öffentlicher Aufgaben bestellt ist (§ 11 I Nr. 2)	1
Zur Mitwirkung berufen	sind z.B. Richter, Staatsanwälte, Polizeibeamter oder Vollzugsbeamte.	2

Vor § 259 Hehlerei

Aufbauschema 1

I. Tatbestand
1. Objektiver Tatbestand
   a) Vortat
      aa) Diebstahl oder sonstige gegen fremdes Vermögen gerichtete rechtswidrige Tat
      bb) Eines anderen
   b) Tatobjekt: Durch die Vortat erlangte Sache
      aa) Sache
      bb) Erlangt
      cc) Durch die Vortat
   c) Tathandlung
      aa) Ankaufen
      bb) Sichverschaffen
      cc) Absetzen
      dd) Absatzhilfe
2. Subjektiver Tatbestand
   a) Vorsatz
   b) Bereicherungsabsicht

II. Rechtswidrigkeit
III. Schuld
IV. Strafverfolgungsvoraussetzung
Strafantrag, § 259 II i.V.m. §§ 247, 248a

Beachte: *Qualifikation, § 260*
Weitere Qualifikation, § 260a

§ 259 Hehlerei

Sache	Körperlicher Gegenstand (§ 90 BGB)	1
Vermögen	Alle geldwerten Positionen, denen wirtschaftlicher Wert zukommt und die nicht ausdrücklich rechtlich missbilligt werden (siehe § 263)	2

3	Rechtswidrige Tat	Handlung, die den Tatbestand eines Strafgesetzes verwirklicht (§ 11 I Nr. 5)
4	Erlangt	ist eine Sache, wenn der Vortäter die körperliche Verfügungsgewalt über die Sache begründet.
5	Ankaufen	Abschluss des dinglichen Geschäfts beim Kauf
6	Sichverschaffen	Erlangung der tatsächlichen Verfügungsgewalt zu eigenen Zwecken im Einvernehmen mit dem Vortäter
7	Absetzen	Weiterverschieben der Sache im Interesse des Vortäters durch selbstständiges Handeln
8	Absatzhilfe	Unselbstständiges Unterstützen beim Absatz im Interesse des Vortäters
9	Um sich zu bereichern	Bereicherungsabsicht (siehe § 253)

Vor § 261 Geldwäsche

1 **Aufbauschema**

I. Tatbestand

1. Objektiver Tatbestand
   - a) Vortat
     - aa) Rechtswidrige Tat
     - bb) Aus dem Katalog des § 261 I 2 Nr. 1–5
   - b) Tatobjekt
     - aa) Gegenstand
     - bb) Aus der Tat Herrühren
   - c) Tathandlung
     - aa) Abs. 1 (Veschleierungstatbestand)
       - (1) Verbergen
       - (2) Herkunft verschleiern
       - (3) Vereiteln der Ermittlung der Herkunft etc. (Vereitelungstatbestand)
       - (4) Gefährden (Gefährdungstatbestand)
     - bb) Abs. 2 (Isolierungstatbestand)
       - (1) Nr. 1: Sichverschaffen
       - (2) Nr. 2
         - (a) Verwahren
         - (b) Verwenden
   - d) Tatbestandsausschluss gem. Abs. 6
2. Subjektiver Tatbestand
   - a) Vorsatz bzgl. 1 a), b) aa), c)
   - b) Vorsatz oder (Abs. 5) Leichtfertigkeit bzgl. 1 b) bb)

II. Rechtswidrigkeit

III. Schuld
1. Allgemeine Schuldmerkmale
2. Bei Leichtfertigkeit: Individuelle/subjektive grobe Sorgfaltspflichtverletzung bei subjektiver Vorhersehbarkeit und Vermeidbarkeit

IV. Strafwürdigkeit/Strafbedürftigkeit
1. Persönlicher Strafausschließungsgrund: Vortatbeteiligung, § 261 IX 2
2. Persönlicher Strafaufhebungsgrund: Tätige Reue, § 261 IX 1 Nr. 1 bzw. 2
3. Absehen von Strafe, § 261 X (Kronzeugenregelung)

V. Strafzumessung
Besonders schwere Fälle, § 261 IV 2 (Regelbeispiele)

§ 261 Geldwäsche; Verschleierung unrechtmäßig erlangter Vermögenswerte

Gegenstand	Alle vermögenswerten beweglichen und unbeweglichen Sachen sowie Rechte	**1**
Rechtswidrige Tat	Handlung, die den Tatbestand eines Strafgesetzes verwirklicht (§ 11 I Nr. 5)	**2**
Aus der Tat herrühren	tut alles, was – selbst nach mehreren Austausch- oder Umwandlungs-Aktionen – an die Stelle des ursprünglichen Gegenstands getreten ist.	**3**
Verbergen	Jede Tätigkeit, die mittels einer nicht üblichen örtlichen Unterbringung oder einer den Gegenstand verdeckenden Handlung den Zugriff der Strafverfolgungsbehörden erschwert	**4**
Herkunft verschleiern	Durch irreführende Machenschaften den Nachweis erschweren, dass der Gegenstand aus einer Straftat stammt	**5**
Vereiteln der Ermittlung der Herkunft etc.	Zum-Scheitern-Bringen der genannten Ermittlungsmaßnahmen	**6**
Gefährdung der Ermittlung der Herkunft etc.	Schaffung der konkreten Gefahr, dass die genannten Ermittlungsmaßnahmen scheitern	**7**
Verbrechen	Rechtswidrige Taten, die im Mindestmaß mit Freiheitsstrafe von einem Jahr oder mehr bedroht sind (§ 12 I)	**8**
Vergehen	Rechtswidrige Taten, die im Mindestmaß mit einer geringeren Freiheitsstrafe als einem Jahr oder mit Geldstrafe bedroht sind (§ 12 II)	**9**

10	Gewerbsmäßig	handelt, wer die Absicht hat, sich durch wiederholte Tatbegehung eine fortlaufende Einnahmequelle von einiger Dauer und einigem Umfang zu verschaffen (siehe § 243).
11	Bande	Auf ausdrücklicher oder stillschweigender Vereinbarung beruhender Zusammenschluss von mindestens drei Personen (siehe § 244)
12	Fortgesetzte Begehung	Begehung mehrerer selbstständiger, im Einzelnen noch unbestimmter Taten (siehe § 244)
13	Sichverschaffen	Erlangung der tatsächlichen Verfügungsgewalt zu eigenen Zwecken im Einvernehmen mit dem Vortäter (siehe § 259)
14	Verwahren	Für sich oder einen Dritten zur Verfügung halten
15	Verwenden	Bestimmungsgemäß gebrauchen (siehe § 148)
16	Leichtfertig	handelt, wer grob fahrlässig handelt und nicht beachtet, was sich jedermann aufdrängen muss (siehe § 15).
17	Freiwillig	Aus selbst gesetzten (autonomen) Motiven (siehe § 24)

Betrug und Untreue, §§ 263–266b

Vor § 263 Betrug

1 **Aufbauschema**

I. Tatbestand
1. Objektiver Tatbestand
   a) Täuschung
   b) Irrtum
   c) Vermögensverfügung
   d) Vermögensschaden
   e) Kausalität (zwischen allen diesen)
2. Subjektiver Tatbestand
   a) Vorsatz
   b) Bereicherungsabsicht
      aa) Stoffgleichheit
      bb) Rechtswidrigkeit der beabsichtigten Bereicherung

II. Rechtswidrigkeit

III. Schuld

IV. Strafzumessung
Besonders schwere Fälle, § 263 III (Regelbeispiele mit Geringwertigkeitsklausel § 263 IV i.V.m. § 243 II)

V. Strafverfolgungsvoraussetzung
Strafantrag, § 263 IV i.V.m. §§ 247, 248a

Beachte: *Qualifikation, § 263 V*

§ 263 Betrug

Vermögen	Alle geldwerten Positionen, denen wirtschaftlicher Wert zukommt und die nicht ausdrücklich rechtlich missbilligt werden	**1**
Täuschung	Unwahre Tatsachenbehauptung	**2**
Irrtum	Fehlvorstellung über Tatsachen	**3**
Tatsache	Ereignisse, Vorgänge oder Zustände der Außen- oder Innenwelt, sofern sie der Gegenwart oder Vergangenheit angehören und dem Beweis zugänglich sind (siehe § 186)	**4**
Vermögensverfügung	Jedes Handeln, Dulden oder Unterlassen, das sich unmittelbar vermögensmindernd auswirkt	**5**
Vermögensschaden	Negativer Saldo, der sich bei einem Vergleich der Vermögensmassen mit/ohne das schädigende Ereignis ergibt	**6**
Absicht	setzt voraus, dass es dem Täter gerade auf die Erlangung des Vermögensvorteils, wenn auch nur als Zwischenziel, ankommt.	**7**
Rechtswidrig	ist der Vermögensvorteil, wenn der Täter keinen rechtlichen Anspruch auf ihn hat.	**8**
Stoffgleichheit	ist gegeben, wenn der rechtswidrige Vermögensvorteil und der eingetretene Schaden auf derselben Vermögensverfügung beruhen, der Vermögensvorteil also unmittelbar die Kehrseite des Schadens bildet.	**9**
Gewerbsmäßig	Handelt, wer die Absicht hat, sich durch wiederholte Tatbegehung eine fortlaufende Einnahmequelle von einiger Dauer und einigem Umfang zu verschaffen (siehe § 243).	**10**
Bande	Auf ausdrücklicher oder stillschweigender Vereinbarung beruhender Zusammenschluss von mindestens drei Personen (siehe § 244)	**11**

12	Großes Ausmaß	Umfang, der aus dem Rahmen der durchschnittlichen Fälle deutlich herausragt
13	Große Zahl von Menschen	Mindestens zwanzig Personen
14	Wirtschaftliche Not	Mangellage infolge der Tat, aufgrund derer der notwendige Lebensunterhalt ohne Hilfe Dritter nicht mehr gewährleistet ist
15	Missbrauch der Befugnisse	Unerlaubtes Handeln innerhalb des Zuständigkeitsbereichs
16	Missbrauch der Stellung	Unerlaubtes Handeln außerhalb des Zuständigkeitsbereichs
17	Amtsträger	Wer nach deutschem Recht Beamter oder Richter ist, in einem sonstigen öffentlich-rechtlichen Amtsverhältnis steht oder sonst zur Wahrnehmung öffentlicher Aufgaben bestellt ist (§ 11 I Nr. 2)
18	Vortäuschen eines Versicherungsfalls	Geltendmachen eines in Wahrheit nicht bestehenden Anspruchs auf die Versicherungsleistung gegenüber der Versicherung
19	Bedeutender Wert	750–1.000 Euro (siehe § 315)
20	Inbrandsetzen	ist gegeben, wenn wesentliche Teile der Sache nach Entfernung oder Erlöschen des Zündstoffs selbstständig weiter brennen (siehe § 306).
21	Brandlegung	ist jede Handlung, die auf das Herbeiführen eines Brandes zielt und in der sich bereits die zerstörende oder gefährdende Wirkung des Brandmittels verwirklicht (siehe § 306).
22	(Ganz) Zerstören	Existenzvernichtung oder vollständiges Aufheben der bestimmungsgemäßen Brauchbarkeit (siehe § 303)
23	Teilweises Zerstören	ist gegeben, wenn durch die Substanzverletzung einzelne, funktionell selbstständige Teile der Sache, die für die zweckentsprechende Nutzung des Gesamtgegenstandes von Bedeutung sind, weggenommen, vernichtet oder unbrauchbar gemacht werden (siehe § 305).
24	Schiff	Zur See- und Binnenschifffahrt bestimmtes Wasserfahrzeug (siehe § 4)
25	Sinken	Mit wesentlichen Teilen unter Wasser geraten
26	Stranden	Auf Grund laufen

Vor § 263a Computerbetrug

Aufbauschema: § 263a I 1

I. Tatbestand
1. Objektiver Tatbestand
   a) Tathandlung
      aa) Var. 1: Unrichtige Gestaltung des Programms
      bb) Var. 2: Verwendung unrichtiger oder unvollständiger Daten
      cc) Var. 3: Unbefugte Verwendung von Daten
      dd) Var. 4: Sonstige unbefugte Einwirkung auf den Ablauf
   b) Beeinflussung des Ergebnisses eines Datenverarbeitungsvorgangs
   c) Vermögensschaden
   d) Kausalität (zwischen allen diesen)
2. Subjektiver Tatbestand
   a) Vorsatz
   b) Bereicherungsabsicht
      aa) Stoffgleichheit
      bb) Rechtswidrigkeit der beabsichtigten Bereicherung

II. Rechtswidrigkeit

III. Schuld

IV. Strafverfolgungsvoraussetzung
Strafantrag, § 263a II i.V.m. § 263 IV i.V.m. §§ 247, 248a

V. Strafzumessung
Besonders schwere Fälle, § 263a II i.V.m. § 263 III (Regelbeispiele mit Geringwertigkeitsklausel § 263a II i.V.m. § 263 IV und § 243 II)

Beachte: *Qualifikation, § 263a II i.V.m. § 263 V*

Aufbauschema: § 263a III 2

I. Tatbestand
1. Objektiver Tatbestand
   a) Tatobjekt
      Computerprogramm zum Zwecke der Begehung einer Straftat gem. § 263a I
   b) Tathandlung
      Vorbereitung durch Herstellen, Sichverschaffen, Feilhalten, Verwahren oder Überlassen
2. Subjektiver Tatbestand
   a) Vorsatz
   b) Tatentschluss bzgl. Begehung von § 263a

II. Rechtswidrigkeit

III. Schuld

§ 263a Computerbetrug

1	Daten	Alle codierten oder codierbaren Informationen unabhängig vom Verarbeitungsgrad
2	Datenverarbeitungsvorgang	Alle technischen Vorgänge, bei denen durch Aufnahme von Daten und ihrer Verknüpfung nach Programmen Arbeitsergebnisse erzielt werden
3	Ergebnisbeeinflussung	Eingang finden in den Datenverarbeitungsvorgang
4	(Computer-) Programm	Durch Daten fixierte Arbeitsanweisung an den Computer
5	Gestaltung	Ganz oder in Teilen neu schreiben, verändern oder löschen
6	Unrichtig	ist die Gestaltung des Programms, wenn sie zu Ergebnissen führt, die der materiellen Rechtslage widersprechen.
7	Verwendet	sind Daten, wenn sie in die Datenverarbeitung eingegeben werden.
8	Unrichtige Daten	sind solche, die der wahren Lage widersprechen.
9	Unvollständig	sind Daten, wenn wahre Tatsachen, die nötig wären, vorenthalten werden.
10	Unbefugte Verwendung	liegt nach der betrugsspezifischen Auslegung vor, wenn die Verwendung der Daten gegenüber einer Person Täuschung und damit Betrug wäre.
11	Sonstige unbefugte Einwirkung auf den Ablauf	ist gegeben bei strafwürdigen Manipulationen, für die keine andere Variante eingreift.
12	Vermögensschaden	Negativer Saldo, der sich bei einem Vergleich der Vermögensmassen mit/ohne das schädigende Ereignis ergibt (siehe § 263)
13	Absicht	setzt voraus, dass es dem Täter gerade auf die Erlangung des Vermögensvorteils, wenn auch nur als Zwischenziel, ankommt (siehe § 263).
14	Rechtswidrig	ist der Vermögensvorteil, wenn der Täter keinen rechtlichen Anspruch auf ihn hat (siehe § 263).

Stoffgleichheit	ist gegeben, wenn der rechtswidrige Vermögensvorteil und der eingetretene Schaden auf derselben Vermögensverfügung beruhen, der Vermögensvorteil also unmittelbar die Kehrseite des Schadens bildet (siehe § 263).	**15**
Herstellen	Erschaffen	**16**
Sichverschaffen	Erlangen der Verfügungsgewalt (siehe § 146)	**17**
Feilhalten	Äußerlich erkennbares Bereithalten zum Zweck des Verkaufs (siehe § 146)	**18**
Verwahren	Für sich oder einen Dritten zur Verfügung halten (siehe § 261)	**19**
Überlassen	Übertragen der tatsächlichen Sachherrschaft (siehe § 152a)	**20**

Vor § 265 Versicherungsmissbrauch

Aufbauschema **1**

I. Tatbestand
1. Objektiver Tatbestand
   a) Tatobjekt: Versicherte Sache
   b) Tathandlung: Beschädigen, Zerstören, Beeinträchtigen der Brauchbarkeit, Beiseiteschaffen, Überlassen
2. Subjektiver Tatbestand
   a) Vorsatz
   b) Absicht, sich oder einem Dritten Leistungen aus der Versicherung zu verschaffen

II. Rechtswidrigkeit
III. Schuld

Beachte: *Subsidiaritätsklausel, § 265 I a.E.*

§ 265 Versicherungsmissbrauch

Versicherte Sache	Durch formell gültigen Versicherungsvertrag gegen eine der genannten Beeinträchtigungen versicherte Sache	**1**
Beschädigen	Substanzverletzung oder mehr als nur unerhebliches Herabsetzen der bestimmungsgemäßen Brauchbarkeit (siehe § 303)	**2**
Zerstören	Existenzvernichtung oder vollständiges Aufheben der bestimmungsgemäßen Brauchbarkeit (siehe § 303)	**3**

4	Beeinträchtigen der Brauchbarkeit	ist gegeben, wenn die Funktionsfähigkeit gemindert ist, ohne dass es zu einer Substanzverletzung gekommen ist.
5	Beiseiteschaffen	Den Zugriff unmöglich machen oder erschweren
6	Überlassen	Übertragen der tatsächlichen Sachherrschaft (siehe § 152a)

Vor § 265a Erschleichen von Leistungen

1 **Aufbauschema**

I. Tatbestand

1. Objektiver Tatbestand
   a) Tatobjekt: Leistung in Form von
      aa) Var. 1: Leistung eines Automaten
      bb) Var. 2: Leistung eines öffentlichen Zwecken dienenden Telekommunikationsnetzes
      cc) Var. 3: Beförderung durch ein Verkehrsmittel
      dd) Var. 4: Zutritt zu einer Veranstaltung oder Einrichtung
   b) Tathandlung: Erschleichen der Leistung
2. Subjektiver Tatbestand
   a) Vorsatz
   b) Absicht, das Entgelt nicht zu entrichten

II. Rechtswidrigkeit

III. Schuld

IV. Strafverfolgungsvoraussetzung

Strafantrag, § 265a III i.V.m. §§ 247, 248a

Beachte: *Subsidiaritätsklausel, § 265a I a.E.*

§ 265a Erschleichen von Leistungen

1	Automat	Gerät, das aufgrund eines elektronischen oder mechanischen Steuerungssystems selbsttätig Funktionen erfüllt
2	Leistung	ist eine entgeltliche Dienstleistung.
3	Erschleichen	Jedes ordnungswidrige Erlangen unter Umgehung oder Ausschaltung von Sicherheitsvorkehrungen
4	Beförderung	Verbringen von Personen oder Sachen an einen anderen Ort
5	Verkehrsmittel	Technisches Gerät zum Personentransport
6	Telekommunikationsnetz	Jedes Nachrichtenübertragungssystem

Öffentlichen Zwecken dienend	Zur Benutzung durch die Allgemeinheit errichtet	7
Zutritt	Körperlicher Eintritt, der eine Teilnahme oder Nutzung ermöglicht	8
Veranstaltung	Nach seiner Form und Zwecksetzung abgegrenztes Ereignis vorübergehender Art	9
Einrichtung	Auf Dauer angelegte Sachgesamtheit, die einem bestimmten Zweck dient und zu diesem Zweck von Personen genutzt werden kann	10
Entgelt	Jede in einem Vermögensvorteil bestehende Geldleistung (§ 11 I Nr. 9)	11

Vor § 266 Untreue

Aufbauschema 1

I. Tatbestand
- 1. Objektiver Tatbestand
  - a) Alt. 1 (Missbrauchstatbestand)
    - aa) Befugnis
      - (1) über fremdes Vermögen zu verfügen oder
      - (2) einen anderen zu verpflichten
    - bb) Aufgrund von
      - (1) Gesetz
      - (2) Behördlichem Auftrag oder
      - (3) Rechtsgeschäft
    - cc) Tathandlung: Missbrauch
  - b) Alt. 2 (Treubruchstatbestand)
    - aa) Vermögensbetreuungspflicht
    - bb) Aufgrund von
      - (1) Gesetz
      - (2) Behördlichen Auftrag
      - (3) Rechtsgeschäft oder
      - (4) Treueverhältnis
    - cc) Tathandlung: Verletzung der Treuepflicht
  - c) Taterfolg: Nachteil
  - d) Kausalität zwischen Tathandlung und Taterfolg
- 2. Subjektiver Tatbestand

II. Rechtswidrigkeit

III. Schuld

IV. Strafverfolgungsvoraussetzung
Strafantrag, § 266 II i.V.m. §§ 247, 248a

V. Strafzumessung
Besonders schwere Fälle, § 266 II i.V.m. § 263 III
(Regelbeispiele mit Geringwertigkeitsklausel § 266 II i.V.m. § 243 II)

§ 266 Untreue

1	Durch Gesetz	Aufgrund gesetzlicher Regelung
2	Durch behördlichen Auftrag	Aufgrund generell oder speziell im Einzelfall durch eine Behörde eingeräumte Befugnis
3	Durch Rechtsgeschäft	Aufgrund Vollmacht oder Ermächtigung
4	Vermögen	Alle geldwerten Positionen, denen wirtschaftlicher Wert zukommt und die nicht ausdrücklich rechtlich missbilligt werden (siehe § 263)
5	Verfügen	Jede Änderung, Übertragung oder Aufhebung eines dinglichen Rechts
6	Verpflichten	Schuldrechtlich einen anderen mit einer Verbindlichkeit belasten
7	Missbrauch	Überschreitung des rechtlichen Dürfens im Innenverhältnis im Rahmen des rechtlichen Könnens im Außenverhältnis
8	Nachteil	Vermögensschaden
9	Vermögens-betreuungspflicht	Pflicht zur Wahrnehmung fremder Vermögensinteressen, welche den typischen und wesentlichen Inhalt des rechtlich begründeten oder faktisch bestehenden Treueverhältnisses bildet, also dessen Hauptgegenstand und nicht eine bloße Nebenpflicht ist
10	Verletzung der Treuepflicht	Jedes Handeln oder Unterlassen, das im Widerspruch zur Treuepflicht steht

Vor § 266b Missbrauch von Scheck- und Kreditkarten

1 **Aufbauschema**

I. Tatbestand
1. Objektiver Tatbestand
   a) Täter: Berechtigter Karteninhaber
   b) Tatsituation: Überlassung einer Scheck- oder Kreditkarte
   c) Tathandlung: Missbrauch
   d) Taterfolg: Vermögensschaden
   e) Kausalität
2. Subjektiver Tatbestand

II. Rechtswidrigkeit

III. Schuld

IV. Strafverfolgungsvoraussetzung
Strafantrag, § 266b II i.V.m. § 248a

§ 266b Missbrauch von Scheck- und Kreditkarten

Kreditkarte	Karte im Drei-Partner-System, in dem sich der Aussteller gegenüber dem Vertragsunternehmen verpflichtet, dessen Forderung gegen den Karteninhaber durch unmittelbare Zahlung auszugleichen	1
Scheckkarte	Karte, bei der ein Aussteller (Kreditinstitut) dem Schecknehmer die Einlösung von Schecks garantiert	2
Überlassung	Tatsächliche Übergabe zur Nutzung im vom Konto- oder Kartenvertrag umfassten Zahlungs- und Kreditverfahren	3
Missbrauch	Überschreitung des rechtlichen Dürfens im Innenverhältnis im Rahmen des rechtlichen Könnens im Außenverhältnis (siehe § 266)	4
Schaden	Negativer Saldo, der sich bei einem Vergleich der Vermögensmassen mit/ohne das schädigende Ereignis ergibt	5

Urkundenfälschung, §§ 267–282

Vor § 267 Urkundenfälschung

Aufbauschema 1

I. Tatbestand
1. Objektiver Tatbestand
   a) Urkunde
   b) Echt/Unecht
   c) Tathandlung
      aa) Var. 1: Herstellen einer unechten Urkunde
      bb) Var. 2: Verfälschen einer echten Urkunde
      cc) Var. 3: Gebrauchen einer unechten oder verfälschten Urkunde
2. Subjektiver Tatbestand
   a) Vorsatz
   b) Absicht zur Täuschung im Rechtsverkehr

II. Rechtswidrigkeit

III. Schuld

IV. Strafzumessung
Besonders schwere Fälle, § 267 III (Regelbeispiele)

Beachte: *Qualifikation, § 267 IV*

§ 267 Urkundenfälschung

1	Täuschung	Irrtumserregung
2	Rechtsverkehr	Summe rechtserheblichen Verhaltens
3	Urkunde	ist jede verkörperte Gedankenerklärung (Perpetuierungsfunktion), die zum Beweis im Rechtsverkehr geeignet und bestimmt ist (Beweisfunktion) und ihren Aussteller erkennen lässt (Garantiefunktion).
4	Beweiszeichen	Beweiserhebliche menschliche Gedankenerklärung, die durch Zeichen oder Symbol verkörpert wird
5	Kennzeichen	Zeichen oder Symbole, die lediglich Ordnungs- oder Unterscheidungsaufgaben erfüllen oder der Sicherung oder dem Verschluss von Sachen dienen
6	Zusammengesetzte Urkunde	Verkörperte Gedankenerklärung, die mit einem Bezugsobjekt räumlich fest zu einer Beweiseinheit verbunden ist
7	Gesamturkunde	liegt vor, wenn mehrere Einzelurkunden so zu einem sinnvollen Ganzen zusammengesetzt sind, dass durch die Zusammenfassung ein über den gedanklichen Inhalt der Einzelteile hinausgehender eigener Erklärungs- und Beweisinhalt entsteht.
8	Absichtsurkunden	oder originäre Urkunden sind solche, bei denen die Beweisbestimmung schon bei der Erstellung besteht.
9	Zufallsurkunden	oder nachträgliche Urkunden sind solche, bei denen der Aussteller oder ein Dritter den Willen zur Beweisbestimmung erst im Nachhinein äußert.
10	Aussteller	ist der, dem das urkundlich Erklärte im Rechtsverkehr zugerechnet wird, also von wem die Erklärung also geistig herrührt.
11	Unecht	ist die Urkunde, wenn die Erklärung nicht von demjenigen stammt, der aus ihr als Aussteller hervorgeht.
12	Herstellen	Hervorbringen einer unechten Urkunde
13	Verfälschen	Jede nachträgliche Veränderung des gedanklichen Inhalts einer echten Urkunde
14	Gebrauchen	Verschaffen der Möglichkeit zur Kenntnisnahme

Gewerbsmäßig	handelt, wer die Absicht hat, sich durch wiederholte Tatbegehung eine fortlaufende Einnahmequelle von einiger Dauer und einigem Umfang zu verschaffen (siehe § 243).	**15**
Bande	Auf ausdrücklicher oder stillschweigender Vereinbarung beruhender Zusammenschluss von mindestens drei Personen (siehe § 244)	**16**
Großes Ausmaß	Umfang, der aus dem Rahmen der durchschnittlichen Fälle deutlich herausragt (siehe § 263)	**17**
Große Anzahl	Ab 20 Exemplare	**18**
Missbrauch der Befugnisse	Unerlaubtes Handeln innerhalb des Zuständigkeitsbereichs (siehe § 263)	**19**
Missbrauch der Stellung	Unerlaubtes Handeln außerhalb des Zuständigkeitsbereichs (siehe § 263)	**20**
Amtsträger	Wer nach deutschem Recht Beamter oder Richter ist, in einem sonstigen öffentlich-rechtlichen Amtsverhältnis steht oder sonst zur Wahrnehmung öffentlicher Aufgaben bestellt ist (§ 11 I Nr. 2)	**21**

Vor § 268 Fälschung technischer Aufzeichnungen

Aufbauschema **1**

I. Tatbestand

1. Objektiver Tatbestand
   - a) Technische Aufzeichnung i.S.d. Abs. 2 (Darstellung, Daten, Mess- oder Rechenwerte, Zustände oder Geschehensabläufe, technisches Gerät, selbständig bewirkt, Beweisfunktion)
   - b) Echt/Unecht
   - c) Tathandlung
     - aa) Nr. 1 Var. 1: Herstellen (bzw. Beeinflussung des Aufzeichnungsergebnisses, Abs. 3)
       Var. 2: Verfälschen
     - bb) Nr. 2 Gebrauchen einer unechten oder verfälschten technischen Aufzeichnung
2. Subjektiver Tatbestand
   - a) Vorsatz
   - b) Absicht zur Täuschung (bzw. der fälschlichen Beeinflussung einer Datenverarbeitung, § 270) im Rechtsverkehr

II. Rechtswidrigkeit

III. Schuld

IV. Strafzumessung
Besonders schwere Fälle, § 268 V i.V.m. § 267 III (Regelbeispiele)
Beachte: *Qualifikation, § 268 V i.V.m. § 267 IV*

§ 268 Fälschung technischer Aufzeichnungen

1	Täuschung	Irrtumserregung (siehe § 267)
2	Rechtsverkehr	Summe rechtserheblichen Verhaltens (siehe § 267)
3	Darstellung	Jegliche Fixierung von gewisser Dauerhaftigkeit
4	Daten	Codierte, auf einem Datenträger fixierte Informationen, die elektronisch, magnetisch oder sonst nicht unmittelbar wahrnehmbar gespeichert sind oder übermittelt werden (vgl. § 202 II)
5	Messwert	Numerische Angabe über einen Sachverhalt
6	Rechenwert	Errechnete Zahl
7	Zustände	Reale Gegebenheiten jeglicher Art
8	Geschehensabläufe	Entwicklung, die ein Zustand im Ablauf einer bestimmten Zeitspanne nimmt
9	Selbsttätig bewirkt	ist die Aufzeichnung, wenn ihr Inhalt eine neue Information enthält, die aufgrund eines in Konstruktion oder Programmierung festgelegten automatischen Ablaufs hervorgebracht wird.
10	Unecht	ist die technische Aufzeichnung, wenn sie den falschen Eindruck erweckt, das Ergebnis eines von Störungshandlungen unbeeinflussten selbsttätigen Aufzeichnungsvorgangs zu sein.
11	Herstellen	einer technischen Aufzeichnung ist Nachahmung mit dem Anschein, sie stamme aus einem selbsttätig arbeitenden Gerät.
12	Verfälschen	ist jede nachträgliche Veränderung des gedanklichen Inhalts einer vorhandenen technischen Aufzeichnung.
13	Gebrauchen	Verschaffen der Möglichkeit zur Kenntnisnahme (siehe § 267)

Vor § 269 Fälschung beweiserheblicher Daten

Aufbauschema 1

I. Tatbestand
1. Objektiver Tatbestand
   a) Beweiserhebliche Daten
   b) Tathandlung
      aa) Var. 1: Speichern, so dass bei Wahrnehmung eine unechte oder verfälschte Urkunde vorliegen würde
      bb) Var. 2: Verändern, so dass bei Wahrnehmung eine unechte oder verfälschte Urkunde vorliegen würde
      cc) Var. 3: Gebrauchen derart gespeicherter oder veränderter Daten
2. Subjektiver Tatbestand
   a) Vorsatz
   b) Absicht zur Täuschung (bzw. der fälschlichen Beeinflussung einer Datenverarbeitung, § 270) im Rechtsverkehr

II. Rechtswidrigkeit
III. Schuld
IV. Strafzumessung
Besonders schwere Fälle, § 269 III i.V.m. § 267 III

Beachte: *Qualifikation, § 260 III i.V.m. § 267 IV*

§ 269 Fälschung beweiserheblicher Daten

Täuschung	Irrtumserregung (siehe § 267)	1
Rechtsverkehr	Summe rechtserheblichen Verhaltens (siehe § 267)	2
Daten	Codierte, auf einem Datenträger fixierte Informationen, die elektronisch, magnetisch oder sonst nicht unmittelbar wahrnehmbar gespeichert sind oder übermittelt werden (vgl. § 202a II)	3
Beweiserheblich	Bestimmt und geeignet, für ein Rechtsverhältnis Beweis zu erbringen	4
Speichern	Zum Zweck der Weiterverwendung erfassen, aufnehmen oder aufbewahren	5
Verändern	Manipulieren des Datenbestands, so dass bei visueller Darstellung ein abweichendes Ergebnis als das vom Anlagenbetreiber gewollte erreicht wird	6

7	Gebrauchen	Verschaffen der Möglichkeit zur Kenntnisnahme (siehe § 267)

Vor § 271 Mittelbare Falschbeurkundung

1 **Aufbauschema**

I. Tatbestand
1. Objektiver Tatbestand
   a) Tatobjekt: Öffentliche Urkunden, Bücher, Dateien, Register
   b) Taterfolg: Unrichtige Beurkundung oder Speicherung von Erklärungen, Verhandlungen oder Tatsachen mit Erheblichkeit für Rechte und Rechtsverhältnisse
   c) Tathandlungen
      aa) Abs. 1: Bewirken
      bb) Abs. 2: Gebrauchen
2. Subjektiver Tatbestand
   a) Vorsatz
   b) Bei Abs. 2 zusätzlich: Wille zur Täuschung (bzw. der fälschlichen Beeinflussung einer Datenverarbeitung, § 270) im Rechtsverkehr

II. Rechtswidrigkeit
III. Schuld

Beachte: *Qualifikation, § 271 III (in 1d Entgelt bzw. in 2c Bereicherungs- oder Schädigungsabsicht)*

§ 271 Mittelbare Falschbeurkundung

1	Bewirken	ist jede Verursachung.
2	Erklärungen	Äußerungen, die von Urkundsbeamten entgegengenommen werden
3	Tatsachen	Sachverhalte, die Gegenstand sinnlicher Wahrnehmung sein können, sowie innere Sachverhalte, sobald sie zu den äußeren Erscheinungen in Bezug treten
4	Erheblichkeit für Rechte oder Rechtsverhältnisse	liegt vor, wenn die Erklärung allein oder in Verbindung mit anderen Tatsachen für die Entstehung, Erhaltung, Veränderung eines öffentlichen oder privaten Rechts oder Rechtsverhältnisses von unmittelbarer oder mittelbarer Bedeutung ist.

Öffentliche Urkunde	ist eine Urkunde, die von einer öffentlichen Behörde innerhalb der Grenzen ihrer Amtsbefugnisse oder von einer mit öffentlichem Glauben versehenen Person innerhalb des ihr zugewiesenen Geschäftskreises in der vorgeschriebenen Form aufgenommen ist (§ 415 I ZPO).	5
Behörde	Stelle, die Aufgaben der öffentlichen Verwaltung wahrnimmt – auch Gerichte (§ 11 I Nr. 7)	6
Mit öffentlichem Glauben versehene Personen	sind solche, denen für einen örtlich und sachlich begrenzten Kreis durch Gesetz oder durch Verwaltungsanordnung die Befugnis verliehen ist, Erklärungen oder Tatsachen mit voller Beweiskraft zu öffentlichem Glauben zu bezeugen.	7
Dateien	Sammlung von Daten	8
Öffentlich	Mit öffentlichem Glauben, d.h. mit Beweiskraft für und gegen jedermann, versehen	9
Beurkunden	Aufnehmen durch ein Amtsträger	10
Speichern	Zum Zweck der Weiterverwendung erfassen, aufnehmen oder aufbewahren (siehe § 269)	11
Gebrauchen	Verschaffen der Möglichkeit zur Kenntnisnahme (siehe § 267)	12
Täuschung	Irrtumserregung (siehe § 267)	13
Rechtsverkehr	Summe rechtserheblichen Verhaltens (siehe § 267)	14
Entgelt	Jede in einem Vermögensvorteil bestehende Geldleistung (§ 11 I Nr. 9)	15

§ 273 Verändern von amtlichen Ausweisen

Amtlicher Ausweis	Urkunde, die von einer Behörde oder einer Stelle, die Aufgaben der öffentlichen Verwaltung wahrnimmt, ausgestellt ist, um die Identität einer Person oder ihre persönlichen Verhältnisse nachzuweisen	1
Entfernen	liegt vor, wenn die Eintragung dem Ausweis nicht mehr körperlich anhaftet.	2

3	Unkenntlich machen	Die Möglichkeit beseitigen, vom gedanklichen Inhalt Kenntnis zu erlangen (siehe § 134)
4	Überdecken	Unkenntlich machen durch Auftrag von Fremdkörpern
5	Unterdrücken	Dem Zugriff des Berechtigten entziehen
6	Gebrauchen	Verschaffen der Möglichkeit zur Kenntnisnahme (siehe § 267)

Vor § 274 Urkundenunterdrückung

1 **Aufbauschema**

I. Tatbestand

1. Objektiver Tatbestand
   a) Nr. 1
      aa) Tatobjekt
         (1) Urkunde oder technische Aufzeichnung
         (2) Nicht ausschließliches Gehören
      bb) Tathandlung
         Vernichten, Beschädigen oder Unterdrücken
   b) Nr. 2
      aa) Tatobjekt
         (1) Daten
         (2) Beweiserheblich
         (3) Nicht ausschließliches Verfügendürfen
      bb) Tathandlung
         Löschen, Unterdrücken, Unbrauchbarmachen oder Verändern
   c) Nr. 3
      aa) Tatobjekt
         Zur Bezeichnung einer Grenze oder eines Wasserstandes bestimmtes Merkmal
      bb) Tathandlung
         Wegnehmen, Vernichten, Unkenntlichmachen, Verrücken oder Fälschlich setzen
2. Subjektiver Tatbestand
   a) Vorsatz
   b) Nachteilszufügungsabsicht

II. Rechtswidrigkeit

III. Schuld

§ 274 Urkundenunterdrückung

Urkunde	ist jede verkörperte Gedankenerklärung, die zum Beweis im Rechtsverkehr geeignet und bestimmt ist und ihren Aussteller erkennen lässt (siehe § 267).	**1**
Technische Aufzeichnung	ist eine Darstellung von Daten, Mess- oder Rechenwerten, Zuständen oder Geschehensabläufen, die durch ein technisches Gerät ganz oder zum Teil selbsttätig bewirkt wird, den Gegenstand der Aufzeichnung allgemein oder für Eingeweihte erkennen lässt und zum Beweis einer rechtlich erheblichen Tatsache bestimmt ist, gleichviel ob ihr die Bestimmung schon bei der Herstellung oder erst später gegeben wird (§ 268 II).	**2**
Gehören	tut eine Urkunde demjenigen, dem das Beweisführungsrecht zusteht.	**3**
Vernichten	Völliges Aufheben der beweiserheblichen Substanz	**4**
Beschädigen	ist das Beeinträchtigen des Beweiswerts.	**5**
Unterdrücken	Handlung, durch die dem Beweisführungsberechtigten die Benutzung der Urkunde als Beweismittel auf Zeit oder dauerhaft unmöglich gemacht wird	**6**
Nachteil	Jede Beeinträchtigung fremder Interessen	**7**
Daten	Codierte, auf einem Datenträger fixierte Informationen, die elektronisch, magnetisch oder sonst nicht unmittelbar wahrnehmbar gespeichert sind oder übermittelt werden (vgl. § 202a II)	**8**
Beweiserheblich	Bestimmt und geeignet, für ein Rechtsverhältnis Beweis zu erbringen (siehe § 269)	**9**
Löschen	Vollständiges und unwiederbringliches Unkenntlichmachen der Speicherung (siehe § 303a)	**10**
Unbrauchbar machen	Ausschalten der Wirkungsweise (siehe § 303a)	**11**
Verändern	Herbeiführen eines von dem bisherigen abweichenden Zustandes (siehe § 303a)	**12**
Zur Bezeichnung einer Grenze bestimmtes Merkmal	Gegenstand, der geeignet und von befugter Stelle dazu bestimmt ist, zur Beurkundung der Grenze zu dienen	**13**

14	Zur Bezeichnung eines Wasserstandes bestimmtes Merkmal	ist ein solches, das dazu geeignet und dazu bestimmt ist, Nutzungsrechte am Wasser abzugrenzen.
15	Wegnehmen	Entfernen
16	Unkenntlich machen	Die Möglichkeit beseitigen, vom gedanklichen Inhalt Kenntnis zu erlangen (siehe § 134)
17	Verrücken	An eine andere Stelle setzen
18	Fälschlich setzen	Den Anschein erwecken, es handele sich um ein richtiges Grenzmerkmal

§ 277 Fälschung von Gesundheitszeugnissen

1	Andere approbierte Medizinalperson	Angehöriger eines zulassungspflichtigen Heilberufs
2	Zeugnis über den Gesundheitszustand	Verkörperte Gedankenerklärung über jetzige, frühere oder voraussichtliche, künftige Krankheiten oder Körperzustände eines lebenden Menschen
3	Ausstellen	Herstellen
4	Echt	ist die Urkunde, wenn die Erklärung von demjenigen stammt, der aus ihr als Aussteller hervorgeht.
5	Verfälschen	Jede nachträgliche Veränderung des gedanklichen Inhalts einer echten Urkunde (siehe § 267)
6	Täuschung	Irrtumserregung (siehe § 267)
7	Behörde	Stelle, die Aufgaben der öffentlichen Verwaltung wahrnimmt – auch Gerichte (§ 11 I Nr. 7)
8	Gebrauchen	Verschaffen der Möglichkeit zur Kenntnisnahme (siehe § 267)
9	Versicherungs-gesellschaft	Jedes private Unternehmen, mit dem ein Versicherungsverhältnis besteht

§ 281 Missbrauch von Ausweispapieren

1	Ausweispapier	Urkunde, die von einer Behörde oder einer Stelle, die Aufgaben der öffentlichen Verwaltung wahrnimmt, ausgestellt ist, um die Identität einer Person oder ihre persönlichen Verhältnisse nachzuweisen

Ausstellen	Herstellen (siehe § 277)	2
Täuschung	Irrtumserregung (siehe § 267)	3
Gebrauchen	Verschaffen der Möglichkeit zur Kenntnisnahme (siehe § 267)	4
Rechtsverkehr	Summe rechtserheblichen Verhaltens (siehe § 267)	5
Überlassen	Übertragen der tatsächlichen Sachherrschaft (siehe § 152a)	6

Insolvenzstraftaten, §§ 283–283d

§ 283 Bankrott

Überschuldung	ist gegeben, wenn die Verbindlichkeiten des Täters seine Vermögenswerte nicht unerheblich übersteigen (vgl. § 19 II InsO).	1
Zahlungsunfähigkeit	ist gegeben, wenn der Schuldner nicht in der Lage ist, seinen fälligen Zahlungspflichten nachzukommen (vgl. § 17 II InsO).	2
Drohende Zahlungsunfähigkeit	ist gegeben, wenn der Schuldner voraussichtlich nicht in der Lage ist, die bestehenden Zahlungspflichten bei Fälligkeit zu erfüllen (vgl. § 18 II InsO).	3
Vermögensbestandteile	Verwertbare Gegenstände	4
Beiseiteschaffen	Den Zugriff unmöglich machen oder erschweren (siehe § 265)	5
Verheimlichen	ist ein Verhalten, durch das der Täter das Tatobjekt als solches oder dessen Zugehörigkeit zur Insolvenzmasse der Kenntnis der Gläubiger oder des Insolvenzverwalters entzieht.	6
Zerstören	Existenzvernichtung oder vollständiges Aufheben der bestimmungsgemäßen Brauchbarkeit (siehe § 303)	7
Beschädigen	Substanzverletzung oder mehr als nur unerhebliches Herabsetzen der bestimmungsgemäßen Brauchbarkeit (siehe § 303)	8
Unbrauchbar machen	Ausschalten der Wirkungsweise (siehe § 303a)	9

10	Verlustgeschäfte	sind solche, die schon nach der Vorauskalkulation auf eine Vermögensminderung nach Saldierung angelegt sind und dazu auch führen.
11	Spekulationsgeschäfte	sind solche, bei denen ein besonders hohes Risiko in der Hoffnung eingegangen wird, einen die übliche Höhe übersteigenden Gewinn zu erzielen.
12	Unwirtschaftliche Ausgaben	sind privat oder betrieblich veranlasste vermögensmindernde Verfügungen, die das Maß des Notwendigen oder Üblichen übersteigen.
13	Übermäßig	sind Beiträge, wenn sie zum Einkommen und Vermögensstand des Täters in keinem angemessenen Verhältnis mehr stehen.
14	Verbrauch	ist die tatsächliche Ausgabe.
15	Schuldig werden	ist das Eingehen der Verbindlichkeit.
16	Beschaffen	In die tatsächliche Verfügungsgewalt bringen
17	Erheblich	Ins Auge springend
18	Veräußern	Eigentum übertragen
19	Abgeben	Überlassen des Besitzes ohne Eigentumsübertragung
20	Erdichtet	sind Rechte, wenn sie hinsichtlich ihres Inhalts oder Umfangs frei erfunden sind.
21	Vorgetäuscht	sind Rechte, wenn sich der Täter gegenüber einem anderen auf ein nicht bestehendes Recht beruft.
22	Handelsbücher	sind die fortlaufenden buchmäßigen Erfassungen der Handelsgeschäfte und der Vermögenslage.
23	Erschwert	ist die Übersicht über den Vermögensstand, wenn ein Sachverständiger ihn den Büchern allenfalls mühevoll oder mit erheblichem Zeitaufwand entnehmen kann.
24	Bilanz	ist der das Verhältnis von Vermögen und Schulden darstellende Abschluss.
25	Geschäftliche Verhältnisse	sind alle Gegebenheiten, die Grundlage für die Einschätzung der wirtschaftlichen Unternehmenssituation sind.
26	Verschleiern	Irreführend darstellen

§ 283c Gläubigerbegünstigung

Zahlungsunfähigkeit	ist gegeben, wenn der Schuldner nicht in der Lage ist, seinen fälligen Zahlungspflichten nachzukommen (vgl. § 17 II InsO).	**1**
Sicherheit	ist jede Position, durch die der Gläubiger die Möglichkeit erhält, schneller, leichter, besser oder mit größerer Gewissheit befriedigt zu werden.	**2**
Befriedigung	Schuldrechtliche Erfüllung einer Forderung	**3**

§ 283d Schuldnerbegünstigung

Drohende Zahlungsunfähigkeit	ist gegeben, wenn der Schuldner voraussichtlich nicht in der Lage ist, die bestehenden Zahlungspflichten bei Fälligkeit zu erfüllen (vgl. § 18 II InsO).	**1**
Vermögensbestandteile	Verwertbare Gegenstände (siehe § 283)	**2**
Beiseiteschaffen	Den Zugriff unmöglich machen oder erschweren (siehe § 265)	**3**
Verheimlichen	ist ein Verhalten, durch das der Täter das Tatobjekt als solches oder dessen Zugehörigkeit zur Insolvenzmasse der Kenntnis der Gläubiger oder des Insolvenzverwalters entzieht (siehe § 283).	**4**
Zerstören	Existenzvernichtung oder vollständiges Aufheben der bestimmungsgemäßen Brauchbarkeit (siehe § 303)	**5**
Beschädigen	Substanzverletzung oder mehr als nur unerhebliches Herabsetzen der bestimmungsgemäßen Brauchbarkeit (siehe § 303)	**6**
Unbrauchbar machen	Ausschalten der Wirkungsweise (siehe § 303a)	**7**
Gewinnsucht	Übersteigertes Gewinnstreben	**8**
Wirtschaftliche Not	Mangellage infolge der Tat, aufgrund derer der notwendige Lebensunterhalt ohne Hilfe Dritter nicht mehr gewährleistet ist (siehe § 263)	**9**

Strafbarer Eigennutz, §§ 284–297

§ 284 Unerlaubte Veranstaltung eines Glücksspiels

1	Glücksspiel	Nach vorbestimmten Regeln verlaufendes Spielen um Gewinn oder Verlust mit einem vermögenswerten Einsatz, bei dem die Entscheidung über Gewinn und Verlust nach den Spielbedingungen nicht wesentlich von Fähigkeiten und Kenntnissen, vielmehr vom Zufall, also vom Wirken unberechenbarer, dem Einfluss der Beteiligten in ihrem Durchschnitt entzogener Ursachen, abhängt
2	Öffentlich	In einer Weise, dass ein größerer, individuell nicht feststehender oder jedenfalls durch persönliche Beziehungen nicht verbundener Personenkreis die Möglichkeit der Teilnahme hat (siehe § 124)
3	Veranstalten	Gelegenheit zur Beteiligung bieten
4	Halten	Leiten oder eigenverantwortliches Überwachen
5	Bereitstellen	Zugänglichmachen
6	Einrichtungen	Gegenstände, die ihrer Natur nach geeignet und bestimmt sind, zu Glücksspielen benutzt zu werden
7	Gewerbsmäßig	handelt, wer die Absicht hat, sich durch wiederholte Tatbegehung eine fortlaufende Einnahmequelle von einiger Dauer und einigem Umfang zu verschaffen (siehe § 243).
8	Bande	Auf ausdrücklicher oder stillschweigender Vereinbarung beruhender Zusammenschluss von mindestens drei Personen (siehe § 244)
9	Fortgesetzte Begehung	Begehung mehrerer selbstständiger, im Einzelnen noch unbestimmter Taten (siehe § 244)
10	Werben	Jede an Einzelne gerichtete oder öffentliche Anpreisung

§ 285 Beteiligung am unerlaubten Glücksspiel

Glücksspiel	Nach vorbestimmten Regeln verlaufendes Spielen um Gewinn oder Verlust mit einem vermögenswerten Einsatz, bei dem die Entscheidung über Gewinn und Verlust nach den Spielbedingungen nicht wesentlich von Fähigkeiten und Kenntnissen, vielmehr vom Zufall, also vom Wirken unberechenbarer, dem Einfluss der Beteiligten in ihrem Durchschnitt entzogener Ursachen, abhängt (siehe § 284)	**1**
Öffentlich	In einer Weise, dass ein größerer, individuell nicht feststehender oder jedenfalls durch persönliche Beziehungen nicht verbundener Personenkreis die Möglichkeit der Teilnahme hat (siehe § 124)	**2**
Beteiligung	Teilnahme als Spieler	**3**

§ 287 Unerlaubte Veranstaltung einer Lotterie oder einer Ausspielung

Lotterie	Glücksspiel, bei der eine Mehrzahl von Personen vertragsgemäß die Möglichkeit hat, nach einem bestimmten Spielplan gegen bestimmten Einsatz ein vom Eintritt eines zufälligen Ereignisses abhängiges Recht auf einen bestimmten Geldgewinn zu erwerben	**1**
Ausspielung	Glücksspiel, bei der eine Mehrzahl von Personen vertragsgemäß die Möglichkeit hat, nach einem bestimmten Spielplan gegen bestimmten Einsatz ein vom Eintritt eines zufälligen Ereignisses abhängiges Recht auf einen sonstigen Gewinn zu erwerben	**2**
Öffentlich	In einer Weise, dass ein größerer, individuell nicht feststehender oder jedenfalls durch persönliche Beziehungen nicht verbundener Personenkreis die Möglichkeit der Teilnahme hat (siehe § 124)	**3**
Veranstalten	Gelegenheit zur Beteiligung bieten (siehe § 284)	**4**
Werben	Jede an Einzelne gerichtete oder öffentliche Anpreisung (siehe § 284)	**5**

§ 288 Vereiteln der Zwangsvollstreckung

1	Zwangsvollstreckung	Zwangsweise Durchsetzung eines Anspruchs durch das zuständige Vollstreckungsorgan, einschließlich der Zwangsverwaltung
2	Drohen	tut die Zwangsvollstreckung, wenn objektiv anzunehmen ist, dass der Gläubiger demnächst zur zwangsweisen Durchsetzung seines Anspruchs schreitet.
3	Vermögensbestandteile	Verwertbare Gegenstände (siehe § 283)
4	Veräußern	Jede Rechtshandlung, durch die ein dem Gläubiger haftender Vermögenswert aus dem Vermögen des Schuldners ausgeschieden wird, ohne dass der volle Gegenwert in das Schuldnervermögen gelangt
5	Beiseiteschaffen	Den Zugriff unmöglich machen oder erschweren (siehe § 265)

Vor § 289 Pfandkehr

1 **Aufbauschema**

I. Tatbestand
1. Objektiver Tatbestand
   a) Tatobjekt
      aa) Sache
      bb) Eigene (Alt. 1) / Fremde (Alt. 2)
      cc) Beweglich
   b) Tatsituation
      Bestehen eines Pfand-, Nutzungs- oder Zurückbehaltungsrechts
   c) Tathandlung
      Wegnehmen (zugunsten des Eigentümers)
2. Subjektiver Tatbestand
   a) Vorsatz
   b) „In rechtswidriger Absicht“

II. Rechtswidrigkeit

III. Schuld

IV. Strafverfolgungsvoraussetzung
Strafantrag, § 289 III

§ 289 Pfandkehr

Sache	Körperlicher Gegenstand (§ 90 BGB)	1
Eigene	Im Alleineigentum des Täters stehend	2
Fremde	Zumindest auch im Eigentum eines anderen stehend (siehe § 242)	3
Beweglich	ist eine Sache, sobald sie tatsächlich fortbewegt werden kann (siehe § 242).	4
Wegnehmen	Entfernen (siehe § 274)	5
In rechtswidriger Absicht	Im Wissen des Täters, mit seiner Handlung ein fremdes Sicherungsrecht zu verletzen	6

§ 290 Unbefugter Gebrauch von Pfandsachen

Öffentliche Pfandleiher	Betreiber eines allgemein zugänglichen Pfandleihgeschäfts	1
Gegenstand	Sache	2
In Pfand genommen	Mit einem Pfandrecht belegt	3
Ingebrauchnehmen	Jede mit der Beschaffenheit des Gegenstandes verträgliche Verwendung	4

§ 291 Wucher

Zwangslage	Situation schwerwiegender, nicht notwendig existenzbedrohender, wirtschaftlicher Bedrängnis	1
Unerfahrenheit	Mangel an Geschäftskenntnis und Lebenserfahrung im Allgemeinen oder auf bestimmten Gebieten, welche eine Einschränkung der Befähigung zur Wahrnehmung oder richtigen Beurteilung von Zuständen oder Geschehnissen zur Folge hat	2
Mangel an Urteilsvermögen	Intellektueller, nicht durch bloße Erfahrung ausgleichbarer Leistungsmangel, der es dem Betroffenen zumindest erheblich erschwert, bei einem Rechtsgeschäft Leistung und Gegenleistung richtig gegeneinander abzuwägen	3
Willensschwäche	Angeborene oder erworbene Verminderung der Widerstandsfähigkeit gegenüber Trieben oder Verlockungen	4

5	Ausbeuten, ausnutzen	Bewusstes Zunutzemachen der Schwächesituation des Opfers
6	Vermögensvorteil	Jede günstigere Gestaltung der Vermögenslage
7	Auffälliges Missverhältnis	liegt vor, wenn der unverhältnismäßige Wertunterschied zwischen den Leistungen unmittelbar ins Auge springt.
8	Sichversprechenlassen	Entgegennahme der Zusage, die Leistung zu erbringen
9	Sichgewährenlassen	Entgegennahme der erbrachten Leistung
10	Wirtschaftliche Not	Mangellage infolge der Tat, aufgrund derer der notwendige Lebensunterhalt ohne Hilfe Dritter nicht mehr gewährleistet ist (siehe § 263)

Vor § 292 Jagdwilderei

1 **Aufbauschema**

I. Tatbestand
1. Objektiver Tatbestand
   a) Unter Verletzung fremden Jagd- oder Jagdausübungsrechts
   b) Nr. 1: aa) Tatobjekt: Wild
   bb) Tathandlung: Nachstellen, Fangen, Erlegen, Zueignen
   c) Nr. 2: aa) Tatobjekt: Dem Jagdrecht unterliegende Sache
   bb) Tathandlung: Zueignen, Beschädigen, Zerstören
2. Subjektiver Tatbestand

II. Rechtswidrigkeit

III. Schuld

IV. Strafzumessung
Besonders schwere Fälle, § 292 II (Regelbeispiele)

V. Strafverfolgungsvoraussetzung
Strafantrag, § 294 (außer im Falle von Abs. 2)

§ 292 Jagdwilderei

1	Jagdrecht	ist die mit dem Eigentum an Grund und Boden verbundene Befugnis, auf einem bestimmten Gebiet die Jagd auszuüben und sich die dort lebenden dem Jagdrecht unterliegenden Tiere (§ 2 I BJagdG; landesrechtliche Vorschriften i.S.d. § 2 II BJagdG) anzueignen (siehe § 1 I BJagdG).
2	Jagdausübungsrecht	Befugnis, das Jagdrecht tatsächlich auszuüben (siehe § 3 III BJagdG)

Verletzung eines fremden Jagd- oder Jagdausübungsrechts	Unberechtigtes Ausüben eines Jagd- oder Jagdausübungsrechts durch einen Täter, dem dieses zu eigenem Recht oder kraft Erlaubnis nicht oder nicht in diesem Umfang zusteht	**3**
Wild	Auf einem bestimmten Gebiet wildlebende herrenlose Tiere, die dem Jagdrecht und dem ausschließlichen Aneignungsrecht bestimmter Personen unterliegen (§ 1 I BJagdG)	**4**
Nachstellen	Jede Handlung, mit welcher der Täter nach seiner Vorstellung zum Fangen, Erlegen oder Zueignen unmittelbar ansetzt	**5**
Fangen	Erlangen tatsächlicher Herrschaft über ein lebendes Tier	**6**
Zueignen	Manifestation des Zueignungswillens (siehe § 246)	**7**
Beschädigen	Substanzverletzung oder mehr als nur unerhebliches Herabsetzen der bestimmungsgemäßen Brauchbarkeit (siehe § 303)	**8**
Zerstören	Existenzvernichtung oder vollständiges Aufheben der bestimmungsgemäßen Brauchbarkeit (siehe § 303)	**9**
Gewerbsmäßig	handelt, wer die Absicht hat, sich durch wiederholte Tatbegehung eine fortlaufende Einnahmequelle von einiger Dauer und einigem Umfang zu verschaffen (siehe § 243).	**10**
Gewohnheitsmäßig	In Ausübung eines durch wiederholte Begehung erzeugten, selbstständig fortwirkenden und Hemmungen beseitigenden Hanges	**11**
Nachtzeit	Zeit vom Ende der Abend- bis zum Beginn der Morgendämmerung	**12**
Nicht weidmännisch	sind solche unüblichen Jagdausübungen, die den Wildbestand unerforderlich schädigen oder besondere Qualen verursachen.	**13**
Schusswaffe	Waffe im technischen Sinne, bei der ein Projektil durch einen Lauf getrieben wird (siehe § 121)	**14**

15	Beteiligter	Täter oder Teilnehmer (§ 28 II)
16	Gemeinschaftlich	begangen ist die Tat, wenn mindestens zwei Personen bei ihrer Ausführung zusammenwirken (siehe § 224)

Vor § 293 Fischwilderei

1 **Aufbauschema**

I. Tatbestand

1. Objektiver Tatbestand
   a) Unter Verletzung fremden Fischerei- oder Fischereiausübungsrechts
   b) Nr. 1: Fischen
   c) Nr. 2: aa) Tatobjekt: Sache, die dem Fischereirecht unterliegt
   bb) Tathandlung: Zueignung, Beschädigen, Zerstören
2. Subjektiver Tatbestand

II. Rechtswidrigkeit

III. Schuld

IV. Strafverfolgungsvoraussetzung
Strafantrag, § 294

§ 293 Fischwilderei

1	Fischereirecht	ist die Befugnis, in einem bestimmten Gebiet nach Landesrecht fischbare lebende herrenlose Tiere zu fischen und sie sich anzueignen.
2	Fischereiausübungsrecht	Befugnis, das Fischereirecht tatsächlich auszuüben
3	Verletzung eines fremden Fischerei- oder Fischereiausübungsrechts	Unberechtigtes Fischen durch einen Täter, dem das Fischereirecht zu eigenem Recht oder kraft Erlaubnis nicht oder nicht in diesem Umfang zusteht
4	Fischen	Jede auf Erlegung oder Fang eines Wassertieres gerichtete Tätigkeit
5	Zueignung	Manifestation des Zueignungswillens (siehe § 246)

Beschädigen	Substanzverletzung oder mehr als nur unerhebliches Herabsetzen der bestimmungsgemäßen Brauchbarkeit (siehe auch § 303)	6
Zerstören	Existenzvernichtung oder vollständiges Aufheben der bestimmungsgemäßen Brauchbarkeit (siehe § 303)	7

§ 298 Wettbewerbsbeschränkende Absprachen bei Ausschreibungen

Ausschreibung	Verfahren, in dem vom Veranstalter unterschiedliche Angebote von Anbietern eingeholt werden.	1
Waren	sind alle wirtschaftlichen Güter, die Gegenstand des Handels sein können.	2
Leistungen	sind Tätigkeiten für einen anderen, bei denen der Erfolg dem anderen, nicht aber dem Tätigen zufällt.	3
Gewerblich	Im geschäftlichen Bereich erbracht	4
Absprache	Verbindliche Vereinbarung zwischen mindestens zwei Anbietern darüber, dass ein oder mehrere bestimmte Angebote abgegeben werden sollen.	5
Rechtswidrig	ist die Absprache, wenn sie gegen § 1 GWB verstößt.	6
Angebot	Inhaltlich und den wesentlichen Förmlichkeiten der Ausschreibung entsprechende Erklärung gegenüber dem Veranstalter	7
Abgegeben	So einreichen, dass ein Zuschlag ohne Weiteres erfolgen könnte.	8
Veranstalter	ist wer das Verfahren ausrichtet.	9

§ 299 Bestechlichkeit und Bestechung im geschäftlichen Verkehr

Geschäftlicher Betrieb	ist jede auf Dauer angelegte, auf die Teilnahme am Wirtschaftsverkehr durch Austausch von Leistung und Gegenleistung gerichtete Unternehmung.	1

2	Angestellter	ist, wer in einem Dienst-, Werks- oder Auftragsverhältnis zum Inhaber eines Geschäftsbetriebs steht und dessen Weisungen unterworfen ist.
3	Beauftragter	ist, wer ohne Angestellter oder Geschäftsherr zu sein vermöge seiner Stellung im Betrieb sonst berechtigt und verpflichtet ist, für den Betrieb tätig zu werden.
4	Geschäftlicher Verkehr	Jede wirtschaftliche Zwecke verfolgende Tätigkeit, in der eine Teilnahme am Wettbewerb zum Ausdruck kommt.
5	Vorteil	Jede Leistung materieller oder immaterieller Art, auf die der Empfänger keinen Anspruch hat, die den Täter besser stellt
6	Fordern	Einseitiges Verlangen in offener oder versteckter Form
7	Sichversprechenlassen	Entgegennahme der Zusage, die Leistung zu erbringen (siehe § 291)
8	Annehmen	Tatsächliche Entgegennahme mit dem Willen, darüber eigennützig zu verfügen
9	Bevorzugung	Jede beabsichtigte Besserstellung, auf die kein Anspruch besteht.
10	Bezug	Alles, was mit dem Erhalt oder der Abwicklung einer Lieferung zusammenhängt.
11	Waren	sind alle wirtschaftlichen Güter, die Gegenstand des Handels sein können (siehe § 298).
12	Gewerbliche Leistungen	Im geschäftlichen Bereich erbrachte Tätigkeiten für einen anderen, bei denen der Erfolg dem anderen, nicht aber dem Tätigen zufällt (siehe § 298).
13	Wettbewerb	Wirtschaftliches Konkurrenzverhalten zwischen mehreren Bewerbern
14	Unlauter	Nicht auf sachgerechten Erwägungen beruhend
15	Anbieten	Eine auf den Abschluss einer Unrechtsvereinbarung gerichtete ausdrückliche oder stillschweigende Erklärung.
16	Versprechen	Angebot einer künftigen Leistung
17	Gewähren	Tatsächlich zuwenden

Sachbeschädigung, §§ 303–305a

Vor § 303 Sachbeschädigung

Aufbauschema 1

I. Tatbestand
1. Objektiver Tatbestand
   a) Tatobjekt
      aa) Sache
      bb) Fremd
   b) Tathandlung
      aa) Abs. 1: Alt. 1: Beschädigen
                  Alt. 2: Zerstören
      bb) Abs. 2: Verändern des Erscheinungsbildes
                  (1) Nicht nur unerheblich
                  (2) Nicht nur vorübergehend
                  (3) Unbefugt
2. Subjektiver Tatbestand

II. Rechtswidrigkeit

III. Schuld

IV. Strafverfolgungsvoraussetzung
Strafantrag, § 303c

Beachte: *Qualifikationen, §§ 305, 305a Nr. 1*

§ 303 Sachbeschädigung

Sache	Körperlicher Gegenstand (§ 90 BGB)	**1**
Fremd	Zumindest auch im Eigentum eines anderen stehend (siehe § 242)	**2**
Beschädigen	Substanzverletzung oder mehr als nur unerhebliches Herabsetzen der bestimmungsgemäßen Brauchbarkeit	**3**
Zerstören	Existenzvernichtung oder vollständiges Aufheben der bestimmungsgemäßen Brauchbarkeit	**4**
Verändern des Erscheinungsbildes	Versetzen der sinnlich wahrnehmbaren Oberfläche der Sache in einen vom ursprünglichen abweichenden Zustand	**5**

6	Unbefugt	Ohne Einverständnis
7	Nicht nur unerheblich	Nicht nur vorübergehend oder geringfügig
8	Nicht nur vorübergehend	Was nicht binnen kurzer Zeit von selbst wieder vergeht oder ohne Aufwand entfernt werden kann

Vor § 303a Datenveränderung

1 **Aufbauschema**

I. Tatbestand
1. Objektiver Tatbestand
   a) Tatobjekt:
   Daten
   b) Tathandlung:
   Löschen, Unterdrücken, Unbrauchbarmachen, Verändern
2. Subjektiver Tatbestand

II. Rechtswidrigkeit
III. Schuld
IV. Strafverfolgungsvoraussetzung
Strafantrag, § 303c

***Beachte:** Qualifikation, § 303b*

§ 303a Datenveränderung

1	Daten	Codierte, auf einem Datenträger fixierte Informationen, die elektronisch, magnetisch oder sonst nicht unmittelbar wahrnehmbar gespeichert sind oder übermittelt werden (vgl. § 202a II)
2	Löschen	Vollständiges und unwiederbringliches Unkenntlichmachen der Speicherung
3	Unterdrücken	Dem Zugriff des Berechtigten entziehen (siehe § 273)
4	Unbrauchbar machen	Ausschalten der Wirkungsweise
5	Verändern	Herbeiführen eines von dem bisherigen abweichenden Zustandes

Vor § 303b Computersabotage

Aufbauschema 1

I. Tatbestand
1. Objektiver Tatbestand
   a) Datenverarbeitung
   b) Wesentliche Bedeutung
   c) Erheblich stören
      aa) Nr. 1: durch Tat i.S.d. § 303a Abs. 1
      bb) Nr. 2: durch Eingeben oder Übermitteln von Daten
      cc) Nr. 3: durch Zerstören, Beschädigen, Unbrauchbarmachen, Beseitigen, Verändern einer Datenverarbeitungsanlage oder eines Datenträgers
2. Subjektiver Tatbestand
   a) Vorsatz
   b) Bei Nr. 2 zusätzlich: Nachteilszufügungsabsicht

II. Rechtswidrigkeit

III. Schuld

IV. Strafverfolgungsvoraussetzung
Strafantrag, § 303c

Beachte: *Qualifikation, § 303b II (mit eigenen Strafzumessungsregelbeispielen für besonders schwere Fälle, § 303b IV)*

§ 303b Computersabotage

Datenverarbeitung	Gesamter Umgang mit Daten von der Erhebung bis zur Verwendung	1
Wesentliche Bedeutung	hat die Datenverarbeitung, wenn die Funktionsfähigkeit der gesamten Einrichtung nach ihrer Organisationsstruktur und Aufgabenstellung ganz oder überwiegend von ihr abhängt.	2
Erheblich	Nicht nur geringfügig	3
Stören	Beeinträchtigen des reibungslosen Ablaufs	4
Daten	Codierte, auf einem Datenträger fixierte Informationen, die elektronisch, magnetisch oder sonst nicht unmittelbar wahrnehmbar gespeichert sind oder übermittelt werden (vgl. § 202a II)	5
Nachteil	Jede Beeinträchtigung fremder Interessen (siehe § 274)	6
Eingeben	Bewirken der Aufnahme in den Datenverarbeitungsprozess	7

8	Übermitteln	Jede Weiterleitung (siehe § 202a)
9	Datenverarbeitungsanlage	Funktionseinheit technischer Geräte, welche die Verarbeitung elektronisch, magnetisch oder sonst nicht unmittelbar wahrnehmbar gespeicherter Daten ermöglicht
10	Datenträger	Speichermedium zur Aufzeichnung von Daten
11	Zerstören	Existenzvernichtung oder vollständiges Aufheben der bestimmungsgemäßen Brauchbarkeit (siehe § 303)
12	Beschädigen	Substanzverletzung oder mehr als nur unerhebliches Herabsetzen der bestimmungsgemäßen Brauchbarkeit (siehe § 303)
13	Unbrauchbar machen	Ausschalten der Wirkungsweise (siehe § 303a)
14	Beseitigen	Räumliches Entfernen (siehe § 135)
15	Verändern	Herbeiführen eines von dem bisherigen abweichenden Zustandes (siehe § 303a)
16	Betrieb	ist eine nicht nur vorübergehende räumlich-organisatorische Einheit von Personen und Sachmitteln zur Verfolgung arbeitstechnischer Zwecke unter einheitlicher Leitung (siehe § 14).
17	Unternehmen	Rechtlich-wirtschaftliche Einheit (siehe § 14)
18	Behörde	Stelle, die Aufgaben der öffentlichen Verwaltung wahrnimmt – auch Gerichte (§ 11 I Nr. 7)
19	Großes Ausmaß	Umfang, der aus dem Rahmen der durchschnittlichen Fälle deutlich herausragt (siehe § 263)
20	Gewerbsmäßig	handelt, wer die Absicht hat, sich durch wiederholte Tatbegehung eine fortlaufende Einnahmequelle von einiger Dauer und einigem Umfang zu verschaffen (siehe § 243).
21	Bande	Auf ausdrücklicher oder stillschweigender Vereinbarung beruhender Zusammenschluss von mindestens drei Personen (siehe § 244)
22	Fortgesetzte Begehung	Begehung mehrerer selbstständiger, im Einzelnen noch unbestimmter Taten (siehe § 244)
23	Versorgung der Bevölkerung mit lebenswichtigen Gütern oder Dienstleistungen	Bereitstellung von Gütern und Dienstleistungen, an denen jeder Teil haben kann und deren Stilllegung die Lebensinteressen der Allgemeinheit in Gefahr brächte

Beeinträchtigung der Sicherheit der Bundesrepublik Deutschland	Schwächung der Fähigkeit der Bundesrepublik Deutschland, sich gegen Angriffe und Störungen von innen oder außen zur Wehr zu setzen	**24**

Vor § 304 Gemeinschädliche Sachbeschädigung

Aufbauschema **1**

I. Tatbestand
1. Objektiver Tatbestand
   a) Tatobjekt
      aa) Gegenstände der Verehrung einer im Staat bestehenden Religionsgemeinschaft
      bb) Dem Gottesdienst gewidmete Sache
      cc) Grabmäler, öffentliche Denkmäler, Naturdenkmäler
      dd) Gegenstände der Kunst, der Wissenschaft oder des Gewerbes, welche in öffentlichen Sammlungen aufbewahrt werden oder öffentlich ausgestellt sind
      ee) Gegenstände, die dem öffentlichen Nutzen dienen
      ff) Gegenstände zur Verschönerung öffentlicher Wege, Plätze oder Anlagen
   b) Tathandlung
      aa) Abs. 1 Alt. 1: Beschädigen
      Alt. 2: Zerstören
      bb) Abs. 2: Verändern des Erscheinungsbildes
      (1) Nicht nur unerheblich
      (2) Nicht nur vorübergehend
      (3) Unbefugt
2. Subjektiver Tatbestand

II. Rechtswidrigkeit

III. Schuld

§ 304 Gemeinschädliche Sachbeschädigung

Gegenstand der Verehrung	Sache, die in ihrer konkreten Eigenart einen wesentlichen Inhalt des religiösen Bekenntnisses symbolisiert und in dieser Funktion von Mitgliedern der Religionsgemeinschaft in gegenständlicher Form als heilig, gottgeweiht oder transzendent angesehen wird	**1**

2	Religionsgesellschaft	Christliche, moslemische, jüdische Glaubensgemeinschaften, anglikanische, griechisch-orthodoxe und altkatholische Kirche, Baptisten, Mennoniten, Zeugen Jehovas, freireligiöse Gemeinschaften
3	Dem Gottesdienst gewidmet	sind Sachen, in, an oder mit denen gottesdienstliche Handlungen vorgenommen werden (siehe § 243).
4	Sache	Körperlicher Gegenstand (§ 90 BGB)
5	Grabmäler	sind die einen Teil des Grabes bildenden Zeichen zur Erinnerung an den Verstorbenen.
6	Denkmäler	Erinnerungszeichen, die dem Andenken an Personen, Ereignisse oder Zustände zu dienen bestimmt sind
7	Naturdenkmäler	sind besonders schutzwürdige Einzelschöpfungen der Natur (§ 28 BNatSchG).
8	Sammlung	Mehrheit von Gegenständen, die zusammengetragen wurde (siehe § 243)
9	Öffentlich ausgestellt	ist eine Sache, die sich zur Besichtigung an einem öffentlichen Ort oder in einer allgemein zugänglichen Ausstellung befindet (siehe § 243).
10	Gegenstände, die dem öffentlichen Nutzen dienen	sind Sachen, die im Rahmen ihrer Zweckbestimmung der Allgemeinheit unmittelbar zugute kommen.
11	Unmittelbar	dient ein Gegenstand dem öffentlichen Nutzen, wenn jedermann aus dem Publikum, sei es auch erst nach Erfüllung bestimmter Bedingungen, aus dem Gegenstand selbst oder dessen Erzeugnissen etc. Nutzen ziehen kann.
12	Beschädigen	Mehr als nur unerhebliches Herabsetzen der bestimmungsgemäßen Brauchbarkeit für den besonderen Zweck, dem die Sache dient
13	Zerstören	Existenzvernichtung oder vollständiges Aufheben der bestimmungsgemäßen Brauchbarkeit für den besonderen Zweck, dem die Sache dient
14	Verändern des Erscheinungsbildes	Versetzen der sinnlich wahrnehmbaren Oberfläche der Sache in einen vom ursprünglichen abweichenden Zustand (siehe § 303)
15	Nicht nur unerheblich	Jede nicht nur geringfügige Einwirkung auf die Sache (siehe § 303)

Nicht nur vorübergehend	Was nicht binnen kurzer Zeit von selbst wieder vergeht oder ohne Aufwand entfernt werden kann (siehe § 303)	16

Vor § 305 Zerstörung von Bauwerken

Aufbauschema 1

I. Tatbestand
- 1. Objektiver Tatbestand
  - a) Tatobjekt
    - aa) Gebäude, Schiff, Brücke, Damm, gebaute Straße, Eisenbahn, anderes Bauwerk
    - bb) Fremd
  - b) Tathandlung
    - aa) Ganz zerstören oder
    - bb) Teilweise zerstören
- 2. Subjektiver Tatbestand

II. Rechtswidrigkeit

III. Schuld

§ 305 Zerstörung von Bauwerken

Gebäude	Durch Wände und Dach begrenztes, mit Grund und Boden fest verbundenes Bauwerk, das den Eintritt von Menschen ermöglicht (siehe § 243)	1
Schiff	Zur See- und Binnenschifffahrt bestimmtes Wasserfahrzeug (siehe § 4)	2
Brücke	Bauwerk von einiger Größe, innerer Festigkeit und Tragfähigkeit zur Überquerung von etwas	3
Damm	Erdaufschüttung oder Aufmauerung, die als Barriere zur Abwehr von Naturkräften dient	4
Gebaute Straße	Künstlich angelegter Weg zum Befahren mit Fahrzeugen	5
Eisenbahn	Bahnkörper mit Unterbau und Schienen	6
(Anderes) Bauwerk	Jede bauliche Anlagen von gewisser Größe und einiger Bedeutung	7
Fremd	Zumindest auch im Eigentum eines anderen stehend (siehe § 242)	8
(Ganz) Zerstören	Existenzvernichtung oder vollständiges Aufheben der bestimmungsgemäßen Brauchbarkeit (siehe § 303)	9

10	Teilweises Zerstören	ist gegeben, wenn durch die Substanzverletzung einzelne, funktionell selbstständige Teile der Sache, die für die zweckentsprechende Nutzung des Gesamtgegenstandes von Bedeutung sind, weggenommen, vernichtet oder unbrauchbar gemacht werden.

Vor § 305a Zerstörung wichtiger Arbeitsmittel

1 **Aufbauschema**

I. Tatbestand
1. Objektiver Tatbestand
   a) Tatobjekt
      aa) Nr. 1: (1) Technisches Arbeitsmittel
      (2) Bedeutender Wert
      (3) Für die Errichtung einer Anlage oder eines Unternehmens usw. von wesentlicher Bedeutung
      (4) Fremd
      bb) Nr. 2: Kraftfahrzeug der Polizei oder Bundeswehr
   b) Tathandlung
      aa) Ganz zerstören oder
      bb) Teilweise zerstören
2. Subjektiver Tatbestand

II. Rechtswidrigkeit

III. Schuld

§ 305a Zerstörung wichtiger Arbeitsmittel

1	Fremd	Zumindest auch im Eigentum eines anderen stehend (siehe § 242)
2	Technisches Arbeitsmittel	ist jeder verwendungsfertige Gegenstand, der dazu geeignet und bestimmt ist, Arbeitsvorgänge zu ermöglichen oder zu erleichtern.
3	Bedeutender Wert	750–1.000 Euro (siehe § 315)
4	Anlage	Als Funktionseinheit organisierte Sachgesamtheit von nicht ganz unerheblichen Ausmaßen zur Verwirklichung beliebiger Zwecke
5	Unternehmen	Rechtlich-wirtschaftliche Einheit (siehe § 14)
6	Betrieb	Ingangsetzen und -halten
7	Entsorgung	Endgültiges Sich-Entledigen

Wesentlich	ist die Bedeutung eines Arbeitsmittels, wenn sein Ausfall den störungsfreien Ablauf der vorgesehenen Baumaßnahmen im Ganzen beeinträchtigen würde.	8
Kraftfahrzeug	Fahrzeug, das durch Maschinenkraft bewegt wird, ein Landkraftfahrzeug nur insoweit, als es nicht an Bahngleise gebunden ist (§ 248b IV)	9
(Ganz) Zerstören	Existenzvernichtung oder vollständiges Aufheben der bestimmungsgemäßen Brauchbarkeit (siehe § 303)	10
Teilweises Zerstören	ist gegeben, wenn durch die Substanzverletzung einzelne, funktionell selbstständige Teile der Sache, die für die zweckentsprechende Nutzung des Gesamtgegenstandes von Bedeutung sind, weggenommen, vernichtet oder unbrauchbar gemacht werden (siehe § 305).	11

Gemeingefährliche Straftaten, §§ 306–323c

Vor § 306 Brandstiftung

Aufbauschema 1

I. Tatbestand
- 1. Objektiver Tatbestand
  - a) Tatobjekt
    - aa) Objekt aus dem Katalog Nr. 1–6
    - bb) Fremd
  - b) Tathandlung
    - aa) Alt. 1: Inbrandsetzen
    - bb) Alt. 2: Durch Brandlegung ganz oder teilweise zerstören
- 2. Subjektiver Tatbestand

II. Rechtswidrigkeit

III. Schuld

IV. Persönlicher Strafaufhebungsgrund

Tätige Reue, § 306e I, III

Beachte: *Erfolgsqualifikationen, § 306b I, § 306c*
Fahrlässigkeitsdelikt, § 306d I Var. 1

§ 306 Brandstiftung

1	Gebäude	Durch Wände und Dach begrenztes, mit Grund und Boden fest verbundenes Bauwerk, das den Eintritt von Menschen ermöglicht (siehe § 243)
2	Hütte	Unbewegliches Bauwerk, das mangels Größe, Festigkeit oder Dauerhaftigkeit nicht als Gebäude gelten kann
3	Betriebsstätte	Sachgesamtheit von baulichen Anlagen und Inventar, die einem gewerblichen Betrieb dient
4	Technische Einrichtungen	sind bewegliche und unbewegliche Sachen oder Sachgesamtheiten, die in ihrer Herstellung und Funktionsweise auf technischen und nicht natürlichen Abläufen beruhen.
5	Waren	sind bewegliche Sachen, die zum gewerblichen Umsatz bestimmt sind.
6	Warenvorräte	Gesamtheit der in einem Warenlager eingelagerten, zum Umsatz bestimmten Sachen
7	Warenlager	Umschlossener Raum zur Aufnahme von Warenvorräten
8	Kraftfahrzeuge	Fahrzeuge, die durch Maschinenkraft bewegt werden, Landkraftfahrzeuge nur insoweit, als sie nicht an Bahngleise gebunden sind (§ 248b IV)
9	Schienenfahrzeuge	An Schienen gebundene Fahrzeuge
10	Luftfahrzeuge	sind Flugzeuge, Drehflügler, Luftschiffe, Segelflugzeuge, Motorsegler, Frei- und Fesselballone, Drachen, Rettungsfallschirme, Flugmodelle, Luftsportgeräte und sonstige für die Benutzung des Luftraumes bestimmte Geräte, insb. Raumfahrzeuge, Raketen und ähnliche Flugkörper (§ 1 LuftVG).
11	Wasserfahrzeuge	Fahrzeuge, mit denen Personen eine Bewegung auf dem Wasser ohne unmittelbaren körperlichen Wasserkontakt möglich ist
12	Wald	Erhebliche, zusammenhängende, ganz oder zum Teil mit Bäumen bewachsene Bodenfläche einschließlich des zwischen diesen stehenden Unterholzes und Bewuchses

Heide	Umfangreiche Grundfläche mit Pflanzengesellschaft von überwiegend niedriger Vegetation bei Dominanz von Heidekraut	**13**
Moor	Dauernd feuchtes, schwammiges, tierarmes Gelände mit charakteristischen Pflanzengesellschaften auf einer mindestens 30 cm dicken Torfdecke	**14**
Anlage	Als Funktionseinheit organisierte Sachgesamtheit von nicht ganz unerheblichen Ausmaßen zur Verwirklichung beliebiger Zwecke (siehe § 305a)	**15**
Landwirtschaftliche Anlagen	Bestellte Felder und andere Produktionsstätten sowie Lagerstätten von zum Eigenverbrauch bestimmten Zwischenerzeugnissen (Heu, Stroh)	**16**
Ernährungswirtschaftliche Anlagen	sind insbesondere solche der Tierproduktion, also Koppeln, Weiden, Stallungen und solche, die der Weiterverarbeitung dienen.	**17**
Forstwirtschaftliche Anlagen	Schonungen, Aufforstungsflächen und Holzlagerstätten	**18**
Erzeugnisse	Sachen, deren unmittelbarer Produktionsprozess beendet ist, die aber noch nicht weiterverarbeitet sind	**19**
Fremd	Zumindest auch im Eigentum eines anderen stehend (siehe § 242)	**20**
Inbrandsetzen	ist gegeben, wenn wesentliche Teile der Sache nach Entfernung oder Erlöschen des Zündstoffs selbstständig weiter brennen.	**21**
Brandlegung	ist jede Handlung, die auf das Herbeiführen eines Brandes zielt und in der sich bereits die zerstörende oder gefährdende Wirkung des Brandmittels verwirklicht.	**22**
(Ganz) Zerstören	Existenzvernichtung oder vollständiges Aufheben der bestimmungsgemäßen Brauchbarkeit (siehe § 303)	**23**
Teilweises Zerstören	ist gegeben, wenn durch die Substanzverletzung einzelne, funktionell selbstständige Teile der Sache, die für die zweckentsprechende Nutzung des Gesamtgegenstandes von Bedeutung sind, weggenommen, vernichtet oder unbrauchbar gemacht werden (siehe § 305).	**24**

Vor § 306a Schwere Brandstiftung

1 **Aufbauschema: § 306a I**

I. Tatbestand
1. Objektiver Tatbestand
   a) Tatobjekt i.S. der Nr. 1–3
   b) Tathandlung
      aa) Alt. 1: Inbrandsetzen oder
      bb) Alt. 2: Durch Brandlegung ganz oder teilweise zerstören
2. Subjektiver Tatbestand

II. Rechtswidrigkeit

III. Schuld

IV. Persönlicher Strafaufhebungsgrund
Tätige Reue, § 306e I, III

Beachte: *Qualifikationen, § 306b II*
Erfolgsqualifikationen, § 306b I, § 306c
Fahrlässigkeitsdelikt, § 306d Var. 2

2 **Aufbauschema: § 306a II**

I. Tatbestand
1. Objektiver Tatbestand
   a) Tatobjekt
      Objekt aus dem Katalog des § 306 I Nr. 1–6
   b) Tathandlung
      aa) Alt. 1: Inbrandsetzen oder
      bb) Alt. 2: Durch Brandlegung ganz oder teilweise zerstören
   c) und dadurch
   d) (Konkrete) Gefahr einer Gesundheitsschädigung
2. Subjektiver Tatbestand
   Vorsatz bzgl. a)–d), inkl. Gefährdung

II. Rechtswidrigkeit

III. Schuld

IV. Persönlicher Strafaufhebungsgrund
Tätige Reue, § 306e I, III

Beachte: *Qualifikation, § 306b II*
Erfolgsqualifikationen, § 306b I, § 306c
Fahrlässigkeitsdelikt, § 306d II

§ 306a Schwere Brandstiftung

Gebäude	Durch Wände und Dach begrenztes, mit Grund und Boden fest verbundenes Bauwerk, das den Eintritt von Menschen ermöglicht (siehe § 243)	**1**
Schiff	Zur See- und Binnenschifffahrt bestimmtes Wasserfahrzeug (siehe § 4)	**2**
Hütte	Unbewegliches Bauwerk, das mangels Größe, Festigkeit oder Dauerhaftigkeit nicht als Gebäude gelten kann (siehe § 306)	**3**
Andere Räumlichkeiten	sind alle allseitig hinreichend abgeschlossenen beweglichen oder unbeweglichen Einheiten.	**4**
Der Wohnung von Menschen	dient eine Räumlichkeit, wenn sie zumindest vorübergehend tatsächlich zum räumlichen Lebensmittelpunkt gemacht wird.	**5**
Kirche	Mindestens ganz überwiegend dem Gottesdienst gewidmetes Gebäude (siehe § 243)	**6**
Anderes der Religionsausübung dienendes Gebäude	Räumlichkeit, die einer spezifisch religionsbezogenen Tätigkeit dient (siehe § 243)	**7**
Inbrandsetzen	ist gegeben, wenn wesentliche Teile der Sache nach Entfernung oder Erlöschen des Zündstoffs selbstständig weiter brennen (siehe § 306).	**8**
(Ganz) Zerstören	Existenzvernichtung oder vollständiges Aufheben der bestimmungsgemäßen Brauchbarkeit (siehe § 303)	**9**
Teilweises Zerstören	ist gegeben, wenn durch die Substanzverletzung einzelne, funktionell selbstständige Teile der Sache, die für die zweckentsprechende Nutzung des Gesamtgegenstandes von Bedeutung sind, weggenommen, vernichtet oder unbrauchbar gemacht werden (siehe § 305).	**10**
Gefahr	Wahrscheinlichkeit eines Schadenseintritts (siehe § 34)	**11**
Gesundheitsschädigung	Hervorrufen, Steigern oder Aufrechterhalten eines krankhaften (pathologischen) Zustands (siehe § 223)	**12**

Vor § 306b Besonders Schwere Brandstiftung

1 **Aufbauschema: § 306b I**

Beachte: *Vor § 306b I sollte § 306 bzw. § 306a geprüft werden. Dann kann im Tatbestand 1. entweder ganz weggelassen oder insoweit in aller Kürze auf die vorangegangene Prüfung verwiesen werden.*

I. Tatbestand
1. Erfüllung des Grundtatbestandes, § 306 oder § 306a
2. Eintritt der schweren Folge
   a) Schwere Gesundheitsschädigung
   b) Gesundheitsschädigung einer großen Zahl von Menschen
3. Kausalität zwischen Grunddelikt und schwerer Folge
4. Vorsatz oder Fahrlässigkeit bzgl. der Folge, letzterenfalls Generelle/objektive Sorgfaltspflichtverletzung bei objektiver Vorhersehbarkeit der schweren Folge
5. (Sonstige) Objektive Zurechnung
6. Zumindest bei Fahrlässigkeit zusätzlich: Unmittelbarkeitszusammenhang

II. Rechtswidrigkeit
(Prüfungspunkt entfällt, wenn keine Abweichung zum Grunddelikt)

III. Schuld
1. Allgemeine Schuldmerkmale
2. Bei Fahrlässigkeit bzgl. der Folge: Individuelle/subjektive Sorgfaltspflichtverletzung bei subjektiver Vorhersehbarkeit der schweren Folge

IV. Persönlicher Strafaufhebungsgrund
Tätige Reue, § 306e

Beachte: *Weitere Erfolgsqualifikation, § 306c*

2 **Aufbauschema: § 306b II**

Beachte: *Vor § 306b II sollte § 306a geprüft werden. Dann können im Tatbestand 1a) und 2a) entweder ganz weggelassen oder insoweit in aller Kürze auf die vorangegangene Prüfung verwiesen werden.*

I. Tatbestand
1. Objektiver Tatbestand
   a) Erfüllung des Grundtatbestandes, § 306a
   b) Objektive Qualifikationsmerkmale, § 306b II
      aa) Nr. 1: (Konkrete) Gefahr des Todes
      bb) Nr. 3: Löschung des Brandes verhindert oder erschwert

2. Subjektiver Tatbestand
   a) Bzgl. § 306a: Vorsatz
   b) Bzgl. § 306b II
      aa) Vorsatz bzgl. Nr. 1 und 3
      bb) Subjektives Qualifikationsmerkmal: Nr. 2
         (1) Ermöglichungsabsicht
         (2) Verdeckungsabsicht

II. Rechtswidrigkeit
(Prüfungspunkt entfällt, wenn keine Abweichung zum Grunddelikt)

III. Schuld
(Prüfungspunkt entfällt, wenn keine Abweichung zum Grunddelikt)

IV. Persönlicher Strafaufhebungsgrund
Tätige Reue, § 306e

Beachte: *Erfolgsqualifikation, § 306c*

§ 306b Besonders Schwere Brandstiftung

Schwere Gesundheitsschädigung	Langwierige ernste Krankheit oder erhebliche Beeinträchtigung der Arbeitsfähigkeit für längere Zeit (siehe § 221)	1
Große Zahl von Menschen	Mindestens zwanzig Personen (siehe § 263)	2
Verhindert	ist das Löschen, wenn die Brandbekämpfung tatsächlich ausgeschlossen ist.	3
Erschwert	ist das Löschen des Brandes, wenn die Brandbekämpfung nur zeitlich verzögert oder weniger wirkungsvoll durchgeführt werden kann.	4

Vor § 306c Brandstiftung mit Todesfolge

Aufbauschema 1

Beachte: *Vor § 306c sollten § 222 sowie die §§ 306 ff. geprüft werden. Dann kann im Tatbestand 1. entweder ganz weggelassen oder insoweit in aller Kürze auf die vorangegangene Prüfung verwiesen werden.*

I. Tatbestand
1. Erfüllung des Grundtatbestandes, § 306, § 306a oder § 306b
2. Eintritt der Todesfolge
3. Kausalität zwischen Grunddelikt und Todesfolge
4. Vorsatz oder Fahrlässigkeit bzgl. der Folge, letzterenfalls
   a) Generelle/objektive Sorgfaltspflichtverletzung bei objektiver Vorhersehbarkeit der Todesfolge
   b) Leichtfertigkeit

5. (Sonstige) Objektive Zurechnung
6. Zumindest bei Fahrlässigkeit zusätzlich: Unmittelbarkeitszusammenhang

II. Rechtswidrigkeit
(Prüfungspunkt entfällt, wenn keine Abweichung zum Grunddelikt)

III. Schuld
1. Allgemeine Schuldmerkmale
2. Bei Leichtfertigkeit: Individuelle/subjektive grobe Sorgfaltspflichtverletzung bei subjektiver Vorhersehbarkeit der Todesfolge

§ 306c Brandstiftung mit Todesfolge

1	Leichtfertig	handelt, wer grob fahrlässig handelt und nicht beachtet, was sich jedermann aufdrängen muss (siehe § 15).
2	Tod	Ende der Hirntätigkeit (Hirntod) (siehe § 212)

Vor § 306d Fahrlässige Brandstiftung

1 **Aufbauschema: § 306d I Var. 1 (zu § 306 I)**

I. Tatbestand
1. Tatobjekt
   a) Objekt aus dem Katalog des § 306 I Nr. 1–6
   b) Fremd
2. Tathandlung/Erfolg
   a) Inbrandsetzen oder
   b) Durch Brandlegung ganz oder teilweise zerstören
3. Kausalität
4. Generelle/objektive Sorgfaltspflichtverletzung
   a) (Generelle) Vorhersehbarkeit
   b) (Generelle) Vermeidbarkeit
5. (Sonstige) Objektive Zurechnung des Erfolgseintritts

II. Rechtswidrigkeit

III. Schuld
1. Allgemeine Schuldmerkmale
2. Individuelle/subjektive Sorgfaltspflichtverletzung
   a) (Individuelle) Vorhersehbarkeit
   b) (Individuelle) Vermeidbarkeit

IV. Persönlicher Strafaufhebungsgrund
Tätige Reue, § 306e I, III

Aufbauschema: § 306d I Var. 2 (zu § 306a I) 2

I. Tatbestand
1. Tatobjekt
   a) Fremdes Objekt aus dem Katalog des § 306 I Nr. 1-6
   b) Objekt i.S.d. § 306a I Nr. 1-3
2. Tathandlung/Erfolg
   a) Inbrandsetzen oder
   b) Durch Brandlegung ganz oder teilweise zerstören
3. Kausalität
4. Generelle/objektive Sorgfaltspflichtverletzung
   a) (Generelle) Vorhersehbarkeit
   b) (Generelle) Vermeidbarkeit
5. (Sonstige) Objektive Zurechnung des Erfolgseintritts

II. Rechtswidrigkeit

III. Schuld
1. Allgemeine Schuldmerkmale
2. Individuelle/subjektive Sorgfaltspflichtverletzung
   a) (Individuelle) Vorhersehbarkeit
   b) (Individuelle) Vermeidbarkeit

IV. Persönlicher Strafaufhebungsgrund
Tätige Reue, § 306e I, III

Aufbauschema: § 306d I Var. 3 (zu § 306a II) 3

I. Tatbestand
1. Objektiver Tatbestand
   a) Objekt aus dem Katalog des § 306 I Nr. 1-6
   b) Tathandlung
      aa) Inbrandsetzen oder
      bb) Durch Brandlegung ganz oder teilweise zerstören
   c) und dadurch
   d) Gefahr der Gesundheitsschädigung i.S. von § 306a II
2. Subjektiver Tatbestand
   a) Vorsatz bzgl. a)-c)
   b) Fahrlässigkeit bzgl. der Gefahr

II. Rechtswidrigkeit

III. Schuld
Inkl. individueller/subjektiver Sorgfaltspflichtverletzung

IV. Persönlicher Strafaufhebungsgrund
Tätige Reue, § 306e I, III

V. Strafzumessung
Minder schwerer Fall, § 306a III

§ 306e Tätige Reue

1	Freiwillig	Aus selbst gesetzten (autonomen) Motiven (siehe § 24)
2	Erheblicher Schaden	Ein nicht zu vernachlässigender Körper- oder Sachschaden
3	Ernsthaftes Bemühen	liegt vor, wenn der Täter alles tut, was aus seiner Sicht zur Erfolgsabwendung geeignet und nötig ist (siehe § 24).

Vor § 306f Herbeiführen einer Brandgefahr

1 **Aufbauschema: § 306f I**

I. Tatbestand
1. Objektiver Tatbestand
   a) Tatobjekt:
      aa) Objekt aus dem Katalog Nr. 1–4
      bb) Fremd
   b) Tathandlung
      In Brandgefahr bringen (durch Rauchen, offenes Feuer, Licht, Wegwerfen brennender oder glimmender Gegenstände etc.)
2. Subjektiver Tatbestand
   Vorsatz, inkl. Vorsatz bzgl. In-Gefahr-Bringen

II. Rechtswidrigkeit

III. Schuld

Beachte: *Fahrlässigkeitsdelikt, § 306f III Alt. 1*

2 **Aufbauschema: § 306f II**

I. Tatbestand
1. Objektiver Tatbestand
   a) Tatobjekt aus dem Katalog des Abs. 1 Nr. 1–4
   b) Tathandlung: In Brandgefahr bringen
   c) (Konkrete) Gefahr
      (1) Für Leib oder Leben eines anderen Menschen oder
      (2) Fremde Sachen von bedeutendem Wert
2. Subjektiver Tatbestand
   a) Vorsatz bzgl. Tatobjekt aus dem Katalog des Abs. 1 Nr. 1–4
   b) Vorsatz bzgl. In-Gefahr-Bringen
   c) Vorsatz (§ 15) oder Fahrlässigkeit (§ 306f III Alt. 2) bzgl. der (konkreten) Gefahr, letzterenfalls generelle/objektive Sorgfaltspflichtverletzung bei Vorhersehbarkeit und Vermeidbarkeit der Gefährdung

II. Rechtswidrigkeit

III. Schuld

1. Allgemeine Schuldmerkmale
2. Bei Fahrlässigkeit: Individuelle/subjektive Sorgfaltspflichtverletzung bei subjektiver Vorhersehbarkeit und Vermeidbarkeit der Gefährdung

Aufbauschema: § 306f III Alt. 1 3

I. Tatbestand

1. Erfolg
   a) Tatobjekt
      aa) Objekt aus dem Katalog des § 306f I Nr. 1–4
      bb) Fremd
   b) Brandgefahr
2. Tathandlung
   Rauchen, offenes Feuer oder Licht machen, Wegwerfen brennender oder glimmender Gegenstände etc.
3. Kausalität
4. Generelle/objektive Sorgfaltspflichtverletzung
   a) (Generelle) Vorhersehbarkeit
   b) (Generelle) Vermeidbarkeit
5. (Sonstige) Objektive Zurechnung des Erfolgseintritts

II. Rechtswidrigkeit

III. Schuld

1. Allgemeine Schuldmerkmale
2. Individuelle/subjektive Sorgfaltspflichtverletzung
   a) (Individuelle) Vorhersehbarkeit
   b) (Individuelle) Vermeidbarkeit

§ 306f Herbeiführen einer Brandgefahr

Betrieb	ist eine nicht nur vorübergehende räumlich-organisatorische Einheit von Personen und Sachmitteln zur Verfolgung arbeitstechnischer Zwecke unter einheitlicher Leitung (siehe § 14).	1
Anlage	Als Funktionseinheit organisierte Sachgesamtheit von nicht ganz unerheblichen Ausmaßen zur Verwirklichung beliebiger Zwecke (siehe § 305a)	2

3	Feuergefährdet	sind Einrichtungen, die einer erhöhten Brandgefahr unterliegen, weil die vorhandenen Materialien oder Gegenstände sich leicht von selbst entzünden oder leicht Feuer fangen.
4	Fremd	Zumindest auch im Eigentum eines anderen stehend (siehe § 242)
5	Landwirtschaftliche Anlagen	Bestellte Felder und andere Produktionsstätten sowie Lagerstätten von zum Eigenverbrauch bestimmten Zwischenerzeugnissen (siehe § 306)
6	Ernährungswirtschaftliche Anlagen	sind insbesondere solche der Tierproduktion, also Koppel, Weiden, Stallungen und solche, die der Weiterverarbeitung dienen (siehe § 306).
7	Erzeugnisse	Sachen, deren unmittelbarer Produktionsprozess beendet ist, die aber nicht schon weiterverarbeitet sind (siehe § 306)
8	Wald	Erhebliche, zusammenhängende, ganz oder zum Teil mit Bäumen bewachsene Bodenfläche einschließlich des zwischen diesen stehenden Unterholzes und Bewuchses (siehe § 306)
9	Heide	Umfangreiche Grundfläche mit Pflanzengesellschaft von überwiegend niedriger Vegetation bei Dominanz von Heidekraut (siehe § 306)
10	Moor	Dauernd feuchtes, schwammiges, tierarmes Gelände mit charakteristischen Pflanzengesellschaften auf einer mindestens 30 cm dicken Torfdecke (siehe § 306)
11	Leicht entzündlich	sind solche Erzeugnisse die, einmal vom Feuer erfasst, wie Zunder brennen (Heu, Stroh, Getreide).
12	Sache	Körperlicher Gegenstand (§ 90 BGB)
13	Bedeutender Wert	750–1.000 Euro (siehe § 315)

§ 308 Herbeiführen einer Sprengstoffexplosion

1	Kernenergie	ist die in den Atomkernen gebundene Energie.
2	Sprengstoff	Stoff, der bei Entzündung zu einer plötzlichen Ausdehnung von Flüssigkeiten oder Gasen und dadurch zu einer Sprengwirkung führt (siehe § 243)

Explosion	Plötzliche Auslösung einer Druckwelle mit großer Beschleunigung	3
Herbeiführen	Verursachen	4
Sache	Körperlicher Gegenstand (§ 90 BGB)	5
Fremd	Zumindest auch im Eigentum eines anderen stehend (siehe § 242)	6
Bedeutender Wert	750–1.000 Euro (siehe § 315)	7
Schwere Gesundheitsschädigung	Langwierige ernste Krankheit oder erhebliche Beeinträchtigung der Arbeitsfähigkeit für längere Zeit (siehe § 221)	8
Große Zahl von Menschen	Mindestens zwanzig Personen (siehe § 263)	9
Leichtfertig	handelt, wer grob fahrlässig handelt und nicht beachtet, was sich jedermann aufdrängen muss (siehe § 15).	10
Fahrlässigkeit	Generelle und individuelle Sorgfaltspflichtverletzung (siehe § 15)	11

§ 314 Gemeingefährliche Vergiftung

Gefasst	Baulich eingehegt	1
Gegenstand	Sache (siehe § 290)	2
Zum öffentlichen Verkauf bestimmt	sind Gegenstände, die für den Erwerb durch eine nicht bestimmte Käuferzahl vorgesehen sind	3
Zum öffentlichen Verbrauch bestimmt	sind Gegenstände, die zur abschließenden Nutzung durch einen unbestimmten, (noch) nicht individuell feststehenden (End-) Verbraucherkreis vorgesehen sind	4
Gift	Jeder Stoff, der durch chemische oder chemisch-physikalische Wirkung nach Art und Menge im konkreten Fall geeignet ist, erhebliche Gesundheitsschäden zu verursachen (siehe § 224)	5
Gesundheitsschädliche Stoffe	sind solche, die durch mechanische, biologische oder thermische Wirkung nach ihrer Art und ihrer Anwendung im konkreten Fall geeignet sind, erhebliche Gesundheitsschäden zu verursachen (siehe § 224).	6

7	Beimischen	Zusetzen auf mechanischem, thermischem oder physikalischem Wege
8	Verkaufen	Entgeltlich veräußern (siehe § 202c)
9	Feilhalten	Äußerlich erkennbares Bereithalten zum Zwecke des Verkaufs (siehe § 146)
10	Inverkehrbringen	Jede Handlung, die den Gegenstand aus der Verfügungsgewalt des Täters oder eines Dritten entlässt und einen anderen in die Lage versetzt, mit ihm nach Belieben umzugehen (siehe § 146)

§ 315 Gefährliche Eingriffe in den Bahn-, Schiffs- und Luftverkehr

1	Beeinträchtigung der Verkehrssicherheit	liegt vor, wenn infolge der Einwirkung andere Verkehrsteilnehmer nicht ohne Gefahr für Leib, Leben oder Eigentum am Verkehr teilnehmen können.
2	Schienenbahnverkehr	Beförderung von Menschen und Gütern mit einem Transportmittel, das sich auf einem festen Schienenstrang fortbewegt
3	Schwebebahnverkehr	Beförderung von Menschen und Gütern mit einem Transportmittel, das sich bewegt, ohne während der Fahrt die Erde zu berühren
4	Schiffsverkehr	Beförderung von Menschen oder Gütern mit Schiffen
5	Luftverkehr	Beförderung von Menschen oder Gütern mit Luftfahrzeugen
6	Anlagen	Alle dem Verkehr dienenden Einrichtungen
7	Beförderungsmittel	Zur Beförderung selbst dienende bewegliche Einrichtungen, vor allem Fahrzeuge
8	Beschädigen	Substanzverletzung oder mehr als nur unerhebliches Herabsetzen der bestimmungsgemäßen Brauchbarkeit (siehe § 303)
9	Zerstören	Existenzvernichtung oder vollständiges Aufheben der bestimmungsgemäßen Brauchbarkeit (siehe § 303)
10	Beseitigen	Räumliches Entfernen (siehe § 135)
11	Hindernisbereiten	Einwirkung, die geeignet ist, den reibungslosen Verkehrsablauf zu beeinträchtigen
12	Zeichen oder Signale	Typisierte optische oder akustische Hinweise

Falsch	ist ein Zeichen, das nicht der Sachlage entspricht.	**13**
Sache	Körperlicher Gegenstand (§ 90 BGB)	**14**
Fremd	Zumindest auch im Eigentum eines anderen stehend (siehe § 242)	**15**
Bedeutender Wert	750–1.000 Euro	**16**
Absicht	ist zielgerichtetes Wollen in dem Sinne, dass es dem Täter gerade darauf ankommt, den Erfolg herbeizuführen (siehe § 15).	**17**
Unglücksfall	Plötzlich eintretendes, unerwartetes Ereignis mit erheblicher Schadensneigung (siehe § 323c)	**18**
Schwere Gesundheitsschädigung	Langwierige ernste Krankheit oder erhebliche Beeinträchtigung der Arbeitsfähigkeit für längere Zeit (siehe § 221)	**19**
Große Zahl von Menschen	Mindestens zwanzig Personen (siehe § 263)	**20**

§ 315a Gefährdung des Bahn-, Schiffs- und Luftverkehrs

Schienenbahnfahrzeug	ist ein Transportmittel, das sich auf einem festen Schienenstrang fortbewegt.	**1**
Schwebebahnfahrzeug	Transportmittel, das sich bewegt, ohne während der Fahrt die Erde zu berühren	**2**
Schiff	Zur See- und Binnenschifffahrt bestimmtes Wasserfahrzeug (siehe § 4)	**3**
Luftfahrzeug	sind Flugzeuge, Drehflügler, Luftschiffe, Segelflugzeuge, Motorsegler, Frei- und Fesselballone, Drachen, Rettungsfallschirme, Flugmodelle, Luftsportgeräte und sonstige für die Benutzung des Luftraumes bestimmte Geräte, insb. Raumfahrzeuge, Raketen und ähnliche Flugkörper (§ 1 LuftVG).	**4**
Führen	Fahrzeug in Bewegung setzen und/oder unter Handhabung seiner technischen Vorrichtungen in Bewegung halten	**5**
Genuss	Konsum	**6**
Alkoholische Getränke	Alle alkoholhaltigen Stoffe	**7**

8	Berauschende Mittel	Stoffe, die das Hemmungsvermögen sowie die intellektuellen und motorischen Fähigkeiten beeinträchtigen
9	Körperliche Mängel	Gelegentliche (Anfallsleiden), dauernde (Amputation, Schwerhörigkeit, Fehlsichtigkeit usw.) oder vorübergehende (Fieber, Heuschnupfen, Übermüdung) physische Beeinträchtigungen, wenn sie nicht ausgeglichen werden (Hörgerät, Brille etc.)
10	Geistige Mängel	Psychische Beeinträchtigungen (z.B. altersbedingte Leistungsdefizite)
11	Fahruntüchtigkeit	ist gegeben, wenn die Gesamtleistungsfähigkeit des Fahrzeugführers derart herabgesetzt ist, dass er nicht fähig ist, das Fahrzeug über eine längere Strecke, auch beim Auftreten schwieriger Verkehrslagen, sicher zu steuern.
12	Absolute Fahruntüchtigkeit	ist bei einer bestimmten von der Fahrzeugart abhängigen Blutalkoholkonzentration gegeben, ab der unwiderleglich vermutet wird, dass jedermann, unabhängig von individuellen Verschiedenheiten, stets unfähig ist, das Fahrzeug sicher zu führen.
13	Relative Fahruntüchtigkeit	ist bei einer bestimmten von der Fahrzeugart abhängigen Blutalkoholkonzentration gegeben, ab der bei Vorliegen zusätzlicher Beweiszeichen (Ausfallerscheinungen) davon auszugehen ist, dass jemand unfähig ist, das Fahrzeug sicher zu führen.
14	Grob pflichtwidrig	bedeutet den auferlegten Pflichten in besonders großem Maße zuwiderlaufend oder gegen eine besonders gewichtige Pflicht verstoßend.
15	Verhalten	Tun und Unterlassen
16	Rechtsvorschriften	Formelle inländische Gesetze oder Rechtsverordnungen
17	Sache	Körperlicher Gegenstand (§ 90 BGB)
18	Fremd	Zumindest auch im Eigentum eines anderen stehend (siehe § 242)
19	Bedeutender Wert	750–1.000 Euro (siehe § 315)

Vor § 315b Gefährliche Eingriffe in den Straßenverkehr

Aufbauschema: § 315b I 1

I. Tatbestand
1. Objektiver Tatbestand
   a) Straßenverkehr
   b) Eingriff
      aa) Nr. 1:
         (1) Tatobjekt
            (a) Anlage
            (b) Fahrzeug
         (2) Tathandlung
            (a) Zerstören
            (b) Beschädigen
            (c) Beseitigen
      bb) Nr. 2: Hindernisbereiten
      cc) Nr. 3: Ähnlicher, ebenso gefährlicher Eingriff
   c) Beeinträchtigung der Verkehrssicherheit
   d) und dadurch
   e) (Konkrete) Gefahr
      aa) Für Leib oder Leben eines anderen Menschen
      bb) Fremde Sachen von bedeutendem Wert
2. Subjektiver Tatbestand
   a) Vorsatz bzgl. a)–e)
   b) Vorsatz (§ 15) oder Fahrlässigkeit (§ 315 IV) bzgl. der (konkreten) Gefahr, letzterenfalls generelle/objektive Sorgfaltspflichtverletzung bei Vorhersehbarkeit und Vermeidbarkeit der Gefährdung

II. Rechtswidrigkeit

III. Schuld
1. Allgemeine Schuldmerkmale
2. Bei Fahrlässigkeit: Individuelle/subjektive Sorgfaltspflichtverletzung bei subjektiver Vorhersehbarkeit und Vermeidbarkeit der Gefährdung

IV. Persönlicher Strafaufhebungsgrund
Tätige Reue, § 320 II Nr. 2

Beachte: *Qualifikation, § 315b III i.V.m. § 315 III Nr. 1 (Absicht einen Unglücksfall herbeizuführen; Ermöglichungs- oder Verdeckungsabsicht)*
Erfolgsqualifikation, § 315b III i.V.m. § 315 III Nr. 2
Fahrlässigkeitsdelikt, § 315b V

2 **Aufbauschema: § 315b V**

I. Tatbestand
1. Erfolg: (Konkrete) Gefahr für Leib oder Leben eines anderen Menschen oder fremder Sachen von bedeutendem Wert
2. Beeinträchtigung der Verkehrssicherheit
3. Tathandlung: Eingriff aus dem Katalog des § 315b I Nr. 1–3
4. Kausalität
5. Generelle/objektive Sorgfaltspflichtverletzung
   a) (Generelle) Vorhersehbarkeit
   b) (Generelle) Vermeidbarkeit
6. (Sonstige) Objektive Zurechnung des Erfolgseintritts

II. Rechtswidrigkeit

III. Schuld
1. Allgemeine Schuldmerkmale
2. Individuelle/subjektive Sorgfaltspflichtverletzung
   a) (Individuelle) Vorhersehbarkeit
   b) (Individuelle) Vermeidbarkeit

§ 315b Gefährliche Eingriffe in den Straßenverkehr

1	Straßenverkehr	Allgemein zugänglicher und für jede Art der Fortbewegung zur Verfügung stehender Verkehrsraum für Fahrzeuge und Fußgänger (siehe § 142)
2	Beeinträchtigung der Verkehrssicherheit	liegt vor, wenn infolge der Einwirkung andere Verkehrsteilnehmer nicht ohne Gefahr für Leib, Leben oder Eigentum am Verkehr teilnehmen können (siehe § 315).
3	Anlagen	Alle dem Verkehr dienenden Einrichtungen (siehe § 315)
4	Fahrzeug	Jedes Beförderungsmittel ohne Rücksicht auf die Antriebsart
5	Zerstören	Existenzvernichtung oder vollständiges Aufheben der bestimmungsgemäßen Brauchbarkeit (siehe § 303)
6	Beschädigen	Substanzverletzung oder mehr als nur unerhebliches Herabsetzen der bestimmungsgemäßen Brauchbarkeit (siehe § 303)
7	Beseitigen	Räumliches Entfernen (siehe § 135)
8	Hindernisbereiten	Einwirkung, die geeignet ist, den reibungslosen Verkehrsablauf zu beeinträchtigen (siehe § 315)

Sache	Körperlicher Gegenstand (§ 90 BGB)	**9**
Fremd	Zumindest auch im Eigentum eines anderen stehend (siehe § 242)	**10**
Bedeutender Wert	750–1.000 Euro (siehe § 315)	**11**

Vor § 315c Gefährdung des Straßenverkehrs

Aufbauschema: § 315c I **1**

I. Tatbestand
- 1. Objektiver Tatbestand
  - a) Tatsituation: Straßenverkehr
  - b) Tathandlung
    - aa) Nr. 1
      - (1) Fahrzeug
      - (2) Führen
      - (3) Fahruntüchtigkeit
        - (a) Nr. 1a
          - (aa) Genuss
          - (bb) Alt. 1: Alkoholischer Getränke oder
          - (cc) Alt. 2: Berauschender Mittel
        - (b) Nr. 1b
          - (aa) Alt. 1: Geistige Mängel oder
          - (bb) Alt. 2: Körperliche Mängel
    - bb) Nr. 2
      - (1) Verkehrsverstoß aus dem Katalog der „Todsünden“ des § 315c I Nr. 2 a)–g)
      - (2) Grob verkehrswidrig
  - c) und dadurch
  - d) (Konkrete) Gefahr für
    - aa) Leib oder Leben eines anderen Menschen oder
    - bb) Fremde Sachen von bedeutendem Wert
- 2. Subjektiver Tatbestand
  - a) Vorsatz bzgl. a)–c)
  - b) Vorsatz (§ 15) oder Fahrlässigkeit (§ 315c III Nr. 1) bzgl. der (konkreten) Gefahr, letzterenfalls generelle/objektive Sorgfaltspflichtverletzung bei Vorhersehbarkeit und Vermeidbarkeit der Gefährdung

II. Rechtswidrigkeit

III. Schuld
- 1. Allgemeine Schuldmerkmale
- 2. Bei § 315c I Nr. 2 zusätzlich: Rücksichtslosigkeit

Beachte: *Fahrlässigkeitsdelikt, § 315c III Nr. 2*

2 **Aufbauschema: § 315c III Nr. 2**

I. Tatbestand
1. Tatsituation: Straßenverkehr
2. Taterfolg: (Konkrete) Gefahr für
   a) Leib oder Leben eines anderen Menschen oder
   b) Fremde Sachen von bedeutendem Wert
3. Tathandlung
   a) Nr. 1
      aa) Fahrzeug
      bb) Führen
      cc) Fahruntüchtigkeit
         (1) Nr. 1a
            (a) Genuss
            (b) Alt. 1: Alkoholischer Getränke oder
            (c) Alt. 2: Berauschender Mittel
         (2) Nr. 1b
            (a) Alt. 1: Geistige Mängel oder
            (b) Alt. 2: Körperliche Mängel
   b) Nr. 2
      aa) Verkehrsverstoß aus dem Katalog der „Todsünden“ des § 315c I Nr. 2 a)–g)
      bb) Grob verkehrswidrig
4. Kausalität
5. Generelle/objektive Sorgfaltspflichtverletzung
   a) (Generelle) Vorhersehbarkeit
   b) (Generelle) Vermeidbarkeit
6. (Sonstige) Objektive Zurechnung des Erfolgseintritts

II. Rechtswidrigkeit

III. Schuld
1. Allgemeine Schuldmerkmale
2. Individuelle/subjektive Sorgfaltspflichtverletzung
   a) (Individuelle) Vorhersehbarkeit
   b) (Individuelle) Vermeidbarkeit

§ 315c Gefährdung des Straßenverkehrs

1	Straßenverkehr	Allgemein zugänglicher und für jede Art der Fortbewegung zur Verfügung stehender Verkehrsraum für Fahrzeuge und Fußgänger (siehe § 142)
2	Fahrzeug	Jedes Beförderungsmittel ohne Rücksicht auf die Antriebsart (siehe § 315b)

Führen	Fahrzeug in Bewegung setzen und/oder unter Handhabung seiner technischen Vorrichtungen in Bewegung halten (siehe § 315a)	**3**
Genuss	Konsum (siehe § 315a)	**4**
Alkoholische Getränke	Alle alkoholhaltigen Stoffe (siehe § 315a)	**5**
Berauschende Mittel	Stoffe, die das Hemmungsvermögen sowie die intellektuellen und motorischen Fähigkeiten beeinträchtigen (siehe § 315a)	**6**
Körperliche Mängel	Gelegentliche (Anfallsleiden), dauernde (Amputation, Schwerhörigkeit, Fehlsichtigkeit usw.) oder vorübergehende (Fieber, Heuschnupfen, Übermüdung) physische Beeinträchtigungen, wenn sie nicht ausgeglichen werden (siehe § 315a)	**7**
Geistige Mängel	Psychische Beeinträchtigungen (siehe § 315a)	**8**
Fahruntüchtigkeit	ist gegeben, wenn die Gesamtleistungsfähigkeit des Fahrzeugführers derart herabgesetzt ist, dass er nicht fähig ist, das Fahrzeug über eine längere Strecke, auch beim Auftreten schwieriger Verkehrslagen, sicher zu steuern (siehe § 315a).	**9**
Grob verkehrswidrig	bedeutet den Verkehrsvorschriften in besonders großem Maße zuwiderlaufend oder gegen eine besonders gewichtige Verkehrsvorschrift verstoßend.	**10**
Rücksichtslos	handelt, wer sich aus eigensüchtigen Motiven über seine Pflichten gegenüber anderen Verkehrsteilnehmern hinwegsetzt oder aus Gleichgültigkeit von vornherein keine Bedenken gegen sein Verhalten aufkommen lässt.	**11**
Überholen	Vorbeifahren an einem fahrenden oder nur im Verkehrsvorgang kurz haltenden Fahrzeug	**12**
Unübersichtlich	ist eine Stelle, die infolge der Örtlichkeit, wegen Dunkelheit, Wetter, Bewuchses, parkender Fahrzeuge oder ähnlichem nicht gut einsichtig ist.	**13**
Zu schnelles Fahren	ist eines, das die Geschwindigkeitsgrenzen verletzt oder nicht der konkreten Verkehrssituation angepasst ist.	**14**
Nichteinhalten der rechten Fahrbahnseite	Inanspruchnahme mindestens eines Teils der linken Fahrbahn	**15**

16	Autobahn	ist die gesamte Bundesautobahn einschließlich des Bereichs von Zu- und Abfahrten.
17	Rückwärtsfahren	Fahren nach hinten im Rückwärtsgang
18	Sache	Körperlicher Gegenstand (§ 90 BGB)
19	Fremd	Zumindest auch im Eigentum eines anderen stehend (siehe § 242)
20	Bedeutender Wert	750–1.000 Euro (siehe § 315)

Vor § 316 Trunkenheit im Verkehr

1 **Aufbauschema: § 316 I**

I. Tatbestand
1. Objektiver Tatbestand
   a) Tatsituation: Im Verkehr
   b) Tathandlung:
      aa) Fahrzeug
      bb) Führen
      cc) Fahruntüchtigkeit
         (1) Genuss
         (2) Alt. 1: Alkoholischer Getränke oder
             Alt. 2: Berauschender Mittel
2. Subjektiver Tatbestand

II. Rechtswidrigkeit

III. Schuld

2 **Aufbauschema: § 316 II**

I. Tatbestand
1. Tatsituation: Im Verkehr
2. Tathandlung:
   a) Fahrzeug
   b) Führen
   c) Fahruntüchtigkeit
      aa) Genuss
      bb) Alt. 1: Alkoholischer Getränke oder
          Alt. 2: Berauschender Mittel
3. Generelle/objektive Sorgfaltspflichtverletzung
   a) (Generelle) Vorhersehbarkeit
   b) (Generelle) Vermeidbarkeit

II. Rechtswidrigkeit
III. Schuld
1. Allgemeine Schuldmerkmale
2. Individuelle/subjektive Sorgfaltspflichtverletzung
   a) (Individuelle) Vorhersehbarkeit
   b) (Individuelle) Vermeidbarkeit

§ 316 Trunkenheit im Verkehr

Verkehr	Öffentlicher Straßen-, Bahn-, Schiffs- und Luftverkehr	1
Fahrzeug	Jedes Beförderungsmittel ohne Rücksicht auf die Antriebsart (siehe § 315b)	2
Führen	Fahrzeug in Bewegung setzen und/oder unter Handhabung seiner technischen Vorrichtungen in Bewegung halten (siehe § 315a)	3
Genuss	Konsum (siehe § 315a)	4
Alkoholische Getränke	Alle alkoholhaltigen Stoffe (siehe § 315a)	5
Berauschende Mittel	Stoffe, die das Hemmungsvermögen sowie die intellektuellen und motorischen Fähigkeiten beeinträchtigen (siehe § 315a)	6
Fahruntüchtigkeit	ist gegeben, wenn die Gesamtleistungsfähigkeit des Fahrzeugführers derart herabgesetzt ist, dass er nicht fähig ist, das Fahrzeug über eine längere Strecke, auch beim Auftreten schwieriger Verkehrslagen, sicher zu steuern (siehe § 315a).	7

Vor § 316a Räuberischer Angriff auf Kraftfahrer

Aufbauschema: § 316a I 1

I. Tatbestand
1. Objektiver Tatbestand
   a) Tatobjekt
      aa) Führer eines Kraftfahrzeugs oder
      bb) Mitfahrer
   b) Tathandlung
      aa) Angriff auf Leib, Leben oder Entschlussfreiheit
      bb) Verüben
      cc) Ausnutzen der besonderen Verhältnisse des Straßenverkehrs

2. Subjektiver Tatbestand
   a) Vorsatz
   b) Absicht zur Begehung von § 249, § 250, § 252 oder § 255

II. Rechtswidrigkeit

III. Schuld

Beachte: *Erfolgsqualifikation, § 316a III*

2 **Aufbauschema: § 316a III**

Beachte: *Vor § 316 III sollten § 316 I sowie § 222 geprüft werden. Dann kann im Tatbestand 1. entweder ganz weggelassen oder insoweit in aller Kürze auf die vorangegangene Prüfung verwiesen werden.*

I. Tatbestand
1. Erfüllung des Grundtatbestandes, § 316a I
2. Eintritt der Todesfolge
3. Kausalität zwischen Grunddelikt und Todesfolge
4. Vorsatz oder Fahrlässigkeit bzgl. der Folge, letzterenfalls
   a) Generelle/objektive Sorgfaltspflichtverletzung bei objektiver Vorhersehbarkeit der Todesfolge
   b) Leichtfertigkeit
5. (Sonstige) Objektive Zurechnung
6. Zumindest bei Fahrlässigkeit zusätzlich: Unmittelbarkeitszusammenhang

II. Rechtswidrigkeit
(Prüfungspunkt entfällt, wenn keine Abweichung zum Grunddelikt)

III. Schuld
1. Allgemeine Schuldmerkmale
2. Bei Leichtfertigkeit:
   Individuelle/subjektive grobe Sorgfaltspflichtverletzung
   bei individueller/subjektiver Vorhersehbarkeit der Todesfolge

§ 316a Räuberischer Angriff auf Kraftfahrer

1	Entschlussfreiheit	Freiheit der Willensentschließung und -betätigung
2	Angriff	Jede auf die Verletzung eines der genannten Rechtsgüter gerichtete feindselige Handlung
3	Verüben	ist die tatsächliche Ausführung.
4	Führer	ist, wer das Fahrzeug in Bewegung setzt und/oder unter Handhabung seiner technischen Vorrichtungen in Bewegung hält.

Kraftfahrzeug	Fahrzeug, das durch Maschinenkraft bewegt wird, ein Landkraftfahrzeug nur insoweit, als es nicht an Bahngleise gebunden ist (§ 248b IV)	**5**
Mitfahrer	sind Insassen während der Fahrt.	**6**
Ausnutzen der besonderen Verhältnisse des Straßenverkehrs	liegt vor, wenn der Täter die typischen Situationen und Gefahrenlagen des fließenden Verkehrs in den Dienst seines Vorhabens stellt.	**7**
Leichtfertig	handelt, wer grob fahrlässig handelt und nicht beachtet, was sich jedermann aufdrängen muss (siehe § 15).	**8**
Tod	Ende der Hirntätigkeit (Hirntod) (siehe § 212)	**9**

§ 316b Störung öffentlicher Betriebe

Betrieb	Ingangsetzen und -halten (siehe § 305a)	**1**
Unternehmen	Rechtlich-wirtschaftliche Einheit (siehe § 14)	**2**
Anlage	Als Funktionseinheit organisierte Sachgesamtheit von nicht ganz unerheblichen Ausmaßen zur Verwirklichung beliebiger Zwecke (siehe § 305a)	**3**
Öffentliche Versorgung	Bereitstellung von Gütern und Dienstleistungen, an denen jeder Teil haben kann	**4**
Dienen	Beizutragen bestimmt sein	**5**
Postdienstleistungen	Namentlich Versendung, Transport und Zustellung von Brief- und Paketsendungen	**6**
Öffentlicher Verkehr	Der Allgemeinheit offener Straßen-, Bahn-, Schiffs- und Luftverkehr	**7**
Für die Versorgung der Bevölkerung lebenswichtig	Wenn die Stilllegung die Lebensinteressen der Allgemeinheit in Gefahr brächte	**8**
Einrichtung	Gesamtheit von Personen und/oder Sachen, die einem bestimmten Zweck dienen	**9**
Öffentliche Ordnung	Gesamtheit der ungeschriebenen Regeln für das Verhalten des Einzelnen in der Öffentlichkeit, soweit die Beachtung dieser Regeln nach den herrschenden Auffassungen als unerlässliche Voraussetzung eines geordneten Gemeinschaftslebens betrachtet wird	**10**

11	Öffentliche Sicherheit	umfasst den Schutz zentraler Rechtsgüter wie Leben, Gesundheit, Freiheit, Ehre, Eigentum und Vermögen des Einzelnen sowie die Unversehrtheit der Rechtsordnung und der staatlichen Einrichtungen (siehe § 125).
12	Verhindern	Mindestens das Unterbrechen des gesamten Betriebes
13	Stören	Nicht unerhebliches Beeinträchtigen des reibungslosen Ablaufs
14	Zerstören	Existenzvernichtung oder vollständiges Aufheben der bestimmungsgemäßen Brauchbarkeit (siehe § 303)
15	Beschädigen	Substanzverletzung oder mehr als nur unerhebliches Herabsetzen der bestimmungsgemäßen Brauchbarkeit (siehe § 303)
16	Beseitigen	Räumliches Entfernen (siehe § 135)
17	Verändern	Herbeiführen eines von dem bisherigen abweichenden Zustandes (siehe § 303a)
18	Unbrauchbar machen	Ausschalten der Wirkungsweise (siehe § 303a)
19	Elektrische Kraft	Strom
20	Entziehen	Bewirken des Verlustes

§ 316c Angriffe auf den Luft- und Schienenverkehr

1	Gewalt	Körperlich wirkender Zwang (siehe § 240)
2	Angriff	Jede durch menschliches Verhalten drohende Verletzung rechtlich geschützter Interessen (siehe § 32)
3	Entschlussfreiheit	Freiheit der Willensentschließung und -betätigung (siehe § 316a)
4	Machenschaften	Methodisch berechnetes Gesamtverhalten
5	Luftfahrzeuge	sind Flugzeuge, Drehflügler, Luftschiffe, Segelflugzeuge, Motorsegler, Frei- und Fesselballone, Drachen, Rettungsfallschirme, Flugmodelle, Luftsportgeräte und sonstige für die Benutzung des Luftraumes bestimmte Geräte, insb. Raumfahrzeuge, Raketen und ähnliche Flugkörper (§ 1 LuftVG).

Schiff	Zur See- und Binnenschifffahrt bestimmtes Wasserfahrzeug (siehe § 4)	**6**
Herrschaft	Eigene Führung oder Befehlsgewalt über Besatzung und Passagiere	**7**
Einwirken auf die Führung	Treffen maßgeblicher Entscheidung über die Bewegung des Fahrzeugs	**8**
Zerstören	Existenzvernichtung oder vollständiges Aufheben der bestimmungsgemäßen Brauchbarkeit (siehe § 303)	**9**
Beschädigen	Substanzverletzung oder mehr als nur unerhebliches Herabsetzen der bestimmungsgemäßen Brauchbarkeit (siehe § 303)	**10**
Schusswaffe	Waffe im technischen Sinne, bei der ein Projektil durch einen Lauf getrieben wird (siehe § 121)	**11**
Gebrauchen	Verwenden	**12**
Brand	liegt vor, wenn wesentliche Teile einer Sache nach Entfernung oder Erlöschen des Zündstoffs selbstständig weiter brennen.	**13**
Explosion	Plötzliche Auslösung einer Druckwelle mit großer Beschleunigung (siehe § 308)	**14**
Unternehmen	einer Tat ist deren Versuch und Vollendung (§ 11 I Nr. 6).	**15**
Herbeiführen	Verursachen (siehe § 308)	**16**
Leichtfertig	handelt, wer grob fahrlässig handelt und nicht beachtet, was sich jedermann aufdrängen muss (siehe § 15).	**17**
Sprengstoff	Stoff, der bei Entzündung zu einer plötzlichen Ausdehnung von Flüssigkeiten oder Gasen und dadurch zu einer Sprengwirkung führt (siehe § 243)	**18**
Herstellen	Erschaffen	**19**
Sichverschaffen	Erlangen der Verfügungsgewalt (siehe § 146)	**20**
Verwahren	Für sich oder einen Dritten zur Verfügung halten (siehe § 261)	**21**
Überlassen	Übertragen der tatsächlichen Sachherrschaft (siehe § 152a)	**22**

§ 317 Störung von Telekommunikationsanlagen

Betrieb	Ingangsetzen und -halten (siehe § 305a)	**1**

2	Öffentlichen Zwecken dienend	Zur Benutzung durch die Allgemeinheit errichtet (siehe § 265a)
3	Telekommunikationsanlagen	Technische Einrichtungen oder Systeme, die als Nachrichten identifizierbare elektromagnetische oder optische Signale senden, übertragen, vermitteln, empfangen, steuern oder kontrollieren können (§ 3 Nr. 23 TKG)
4	Verhindern	Mindestens das Unterbrechen des gesamten Betriebes (siehe § 316b)
5	Zerstören	Existenzvernichtung oder vollständiges Aufheben der bestimmungsgemäßen Brauchbarkeit (siehe § 303)
6	Beschädigen	Substanzverletzung oder mehr als nur unerhebliches Herabsetzen der bestimmungsgemäßen Brauchbarkeit (siehe § 303)
7	Beseitigen	Räumliches Entfernen (siehe § 135)
8	Verändern	Herbeiführen eines von dem bisherigen abweichenden Zustandes (siehe § 303a)
9	Unbrauchbar machen	Ausschalten der Wirkungsweise (siehe § 303a)
10	Elektrische Kraft	Strom (siehe § 316b)
11	Entziehen	Bewirken des Verlustes (siehe § 316b)
12	Fahrlässigkeit	Generelle und individuelle Sorgfaltspflichtverletzung (siehe § 15)

§ 318 Beschädigung wichtiger Anlagen

1	Damm	Erdaufschüttung oder Aufmauerung, die als Barriere zur Abwehr von Naturkräften dient (siehe § 305)
2	Brücke	Bauwerk von einiger Größe, innerer Festigkeit und Tragfähigkeit zur Überquerung von etwas (siehe § 305)
3	Wasserbauten	Bauwerke, die der Regulierung, Speicherung, Leitung oder Abdämmung von Wasser dienen
4	Zerstören	Existenzvernichtung oder vollständiges Aufheben der bestimmungsgemäßen Brauchbarkeit (siehe § 303)
5	Beschädigen	Substanzverletzung oder mehr als nur unerhebliches Herabsetzen der bestimmungsgemäßen Brauchbarkeit (siehe § 303)

Schwere Gesundheitsschädigung	Langwierige ernste Krankheit oder erhebliche Beeinträchtigung der Arbeitsfähigkeit für längere Zeit (siehe § 221)	6
Große Zahl von Menschen	Mindestens zehn Personen (siehe § 263)	7

§ 319 Baugefährdung

Planung	Vorbereitende Handlungen wie die Erstellung von Bauplänen und statischen Berechnungen, ausgenommen solche Arbeiten, für die ihrer Einfachheit wegen besondere Regeln der Technik nicht bestehen	1
Leitung	hat, wer nach der tatsächlichen Lage die maßgeblichen Anordnungen über die Gesamtausführung trifft oder zu treffen hat.	2
Ausführung	Mitwirkung bei der Herstellung	3
Bau	Errichtung, Ausbesserung oder Veränderung	4
Bauwerk	Jede bauliche Anlage von gewisser Größe und einiger Bedeutung (siehe § 305)	5
Allgemein anerkannte Regeln der Technik	sind die tatsächlich von der Praxis angewandten Regeln in der Überzeugung, dass sie für die Sicherheit des Bauens notwendig sind.	6
Technische Einrichtungen	sind bewegliche und unbewegliche Sachen oder Sachgesamtheiten, die in ihrer Herstellung und Funktionsweise auf technischen und nicht natürlichen Abläufen beruhen (siehe § 306).	7
Beruf	Auf Dauer angelegte Arbeitskraft und -zeit überwiegend in Anspruch nehmende Tätigkeit, die im Allgemeinen zur Erzielung des Lebensunterhalts dient	8
Gewerbe	Auf Gewinnerzielung gerichtete und gewisse Dauer angelegte, selbstständige Tätigkeit	9
Fahrlässigkeit	Generelle und individuelle Sorgfaltspflichtverletzung (siehe § 15)	10

Vor § 323a Vollrausch

1 **Aufbauschema: § 323a Alt. 1** (Vorsätzlicher Vollrausch)

I. Tatbestand
1. Objektiver Tatbestand
   a) Taterfolg: Rausch
   b) Tatmittel:
      aa) Alkoholische Getränke
      bb) Berauschende Mittel
   c) Tathandlung: Sichversetzen
2. Subjektiver Tatbestand: Vorsatz
3. Objektive Bedingung der Strafbarkeit
   a) Rechtswidrige Tat (sog. Rauschtat)
   b) (nicht ausschließbar) schuldunfähig

II. Rechtswidrigkeit

III. Schuld

IV. Strafverfolgungsvoraussetzung
Strafantrag, § 323a III

2 **Aufbauschema: § 323a Alt. 2** (Fahrlässiger Vollrausch)

I. Tatbestand
1. Erfolg: Rausch
2. Tatmittel:
   a) Alkoholische Getränke
   b) Berauschende Mittel
3. Tathandlung: Sichversetzen
4. Kausalität zwischen Sichversetzen und Rausch
5. Generelle/objektive Sorgfaltspflichtverletzung
   a) (Generelle) Vorhersehbarkeit des Rausches
   b) (Generelle) Vermeidbarkeit des Rausches
6. (Sonstige) Objektive Zurechnung des Rausches
7. Objektive Bedingung der Strafbarkeit
   a) Rechtswidrige Tat (sog. Rauschtat), begangen in
   b) (nicht ausschließbarer) Schuldunfähigkeit

II. Rechtswidrigkeit

III. Schuld
1. Allgemeine Schuldmerkmale
2. Individuelle/subjektive Sorgfaltspflichtverletzung
   a) (Individuelle) Vorhersehbarkeit
   b) (Individuelle) Vermeidbarkeit

IV. Strafverfolgungsvoraussetzung
Strafantrag, § 323a III

§ 323a Vollrausch

Vorsatz	Wissen und Wollen der Tatbestandsverwirklichung (siehe § 15)	1
Fahrlässigkeit	Generelle und individuelle Sorgfaltspflichtverletzung (siehe § 15)	2
Alkoholische Getränke	Alle alkoholhaltigen Stoffe (siehe § 315a)	3
Berauschende Mittel	Stoffe, die das Hemmungsvermögen sowie die intellektuellen und motorischen Fähigkeiten beeinträchtigen (siehe § 315a)	4
Rausch	Abnormer psychischer Intoxikationszustand	5
Rechtswidrige Tat	Handlung, die den Tatbestand eines Strafgesetzes verwirklicht (§ 11 I Nr. 5)	6
Schuldunfähig	ist, wer sich im Zustand des § 20 befindet (ab ca. 3,0 ‰ BAK).	7

§ 323b Gefährdung einer Entziehungskur

Wissentlichkeit	Sicheres Wissen (siehe § 15)	1
Behörde	Stelle, die Aufgaben der öffentlichen Verwaltung wahrnimmt – auch Gerichte (§ 11 I Nr. 7)	2
Alkoholische Getränke	Alle alkoholhaltigen Stoffe (siehe § 315a)	3
Berauschende Mittel	Stoffe, die das Hemmungsvermögen sowie die intellektuellen und motorischen Fähigkeiten beeinträchtigen (siehe § 315a)	4
Verschaffen	Zugänglichmachen in der Weise, dass der andere die Verfügungsgewalt erlangt	5
Überlassen	Übertragen der tatsächlichen Sachherrschaft (siehe § 152a)	6
Verleiten	Bestimmendes Einwirken auf den Willen des anderen mit beliebigen Mitteln (siehe § 120)	7

Vor § 323c Unterlassene Hilfeleistung

1 **Aufbauschema**

I. Tatbestand
- 1. Objektiver Tatbestand
  - a) Tatsituation
    - aa) Unglücksfall
    - bb) Gemeine Gefahr
    - cc) Gemeine Not
  - b) Tathandlung
    - aa) Hilfe
      - (1) Erforderlich
      - (2) Möglich
      - (3) Zumutbar
    - bb) Nicht leisten
- 2. Subjektiver Tatbestand

II. Rechtswidrigkeit

III. Schuld

§ 323c Unterlassene Hilfeleistung

1	Unglücksfall	Plötzlich eintretendes, unerwartetes Ereignis mit erheblicher Schadensneigung
2	Gemeine Gefahr	Gefährdung einer unüberschaubaren Zahl von Menschen oder bedeutender Sachwerte (siehe § 243)
3	Gemeine Not	Die Allgemeinheit betreffende Notlage
4	Hilfe	Tätigkeit, die der Intention nach auf Abwehr weiterer Schäden gerichtet ist
5	Erforderlich	ist eine Hilfeleistung dann, wenn ohne sie die Gefahr besteht, dass die Unglückssituation sich in einer nicht unerheblichen Schädigung von Personen oder Sachen von bedeutendem Wert auswirkt.

Straftaten gegen die Umwelt, §§ 324–330d

Vor § 324 Gewässerverunreinigung

Aufbauschema 1

I. Tatbestand
1. Objektiver Tatbestand
   a) Tatobjekt: Gewässer
   b) Tathandlung/Erfolg
      aa) Alt. 1: Verunreinigen
      bb) Alt. 2: Nachteilige Veränderung
2. Subjektiver Tatbestand

II. Rechtswidrigkeit („unbefugt")

III. Schuld

IV. Strafzumessung
Besonders schwere Fälle, § 330 I (Regelbeispiele)

Beachte: *Qualifikation, § 330 II Nr. 1*
Erfolgsqualifikation, § 330 II Nr. 2
Fahrlässigkeitsdelikt, § 324 III

§ 324 Gewässerverunreinigung

Gewässer	ist ein oberirdisches Gewässer, das Grundwasser und das Meer (§ 330d Nr. 1).	1
Verunreinigen	Sichtbare Verschlechterung des äußeren Erscheinungsbildes	2
Nachteilige Veränderung	Nicht sichtbare Verschlechterung der physikalischen, chemischen oder biologischen Beschaffenheit	3

§ 324a Bodenverunreinigung

Verwaltungsrechtliche Pflicht	Pflicht, die sich aus einer Rechtsvorschrift, einer gerichtlichen Entscheidung, einem vollziehbaren Verwaltungsakt, einer vollziehbaren Auflage oder einem öffentlich-rechtlichen Vertrag ergibt und dem Schutz vor Gefahren oder schädlichen Einwirkungen auf die Umwelt dient (§ 330d Nr. 4)	1

2	Stoff	Jede feste, flüssige oder gasförmige Substanz, die negative Auswirkungen haben kann
3	Boden	ist die obere Schicht der Erdkruste, einschließlich der flüssigen Bestandteile (Bodenlösung) und der gasförmigen Bestandteile (Bodenluft), ohne Grundwasser und Gewässerbetten (§ 2 I BBodenSchG).
4	Einbringen	Finaler Eintrag
5	Eindringenlassen	Pflichtwidriges Nichtverhindern des Eindringens
6	Freisetzen	Schaffen einer Lage unkontrollierter Ausbreitung
7	Gesundheits-schädigung	Hervorrufen, Steigern oder Aufrechterhalten eines krankhaften (pathologischen) Zustands (siehe § 223)
8	Schädigung von Pflanzen oder Tieren	ist gegeben, wenn Lebewesen verkümmern oder eingehen.
9	Bedeutender Wert	ist gegeben, wenn ein gewichtiges wirtschaftliches, ökologisches oder historisches Allgemein- oder Individualinteresse an der Erhaltung besteht.
10	Gewässer	ist ein oberirdisches Gewässer, das Grundwasser und das Meer (§ 330d Nr. 1)
11	Verunreinigen	Sichtbare Verschlechterung des äußeren Erscheinungsbildes (siehe § 324)
12	Nachteilige Veränderung	Nicht sichtbare Verschlechterung der physikalischen, chemischen oder biologischen Beschaffenheit (siehe § 324)

§ 325 Luftverunreinigung

1	Anlage	Als Funktionseinheit organisierte Sachgesamtheit von nicht ganz unerheblichen Ausmaßen zur Verwirklichung beliebiger Zwecke (siehe § 305a)
2	Betrieb	Ingangsetzen und -halten (siehe § 305a)
3	Betriebsstätte	Sachgesamtheit von baulichen Anlagen und Inventar, die einem gewerblichen Betrieb dient (siehe § 306)
4	Maschine	Ortsveränderliche technische Einrichtung

Verwaltungsrechtliche Pflicht	Pflicht, die sich aus einer Rechtsvorschrift, einer gerichtlichen Entscheidung, einem vollziehbaren Verwaltungsakt, einer vollziehbaren Auflage oder einem öffentlich-rechtlichen Vertrag ergibt und dem Schutz vor Gefahren oder schädlichen Einwirkungen auf die Umwelt dient (§ 330d Nr. 4)	**5**
Gesundheitsschädigung	Hervorrufen, Steigern oder Aufrechterhalten eines krankhaften (pathologischen) Zustands (siehe § 223)	**6**
Schädigung von Pflanzen oder Tieren	ist gegeben, wenn Lebewesen verkümmern oder eingehen (siehe § 324a).	**7**
Grobe Verletzung	liegt vor, wenn eine Pflicht in besonders schwerem Maße oder eine besonders gewichtige Pflicht missachtet wird.	**8**
Luft	Atmosphäre	**9**
Freisetzen	Schaffen einer Lage unkontrollierter Ausbreitung (siehe § 324a)	**10**
Fahrlässigkeit	Generelle und individuelle Sorgfaltspflichtverletzung (siehe § 15)	**11**
Bedeutender Wert	ist gegeben, wenn ein gewichtiges wirtschaftliches, ökologisches oder historisches Allgemein- oder Individualinteresse an der Erhaltung besteht (siehe § 324a).	**12**
Verunreinigen	Sichtbare Verschlechterung des äußeren Erscheinungsbildes (siehe § 324)	**13**
Nachteilige Veränderung	Nicht sichtbare Verschlechterung der physikalischen, chemischen oder biologischen Beschaffenheit (siehe § 324)	**14**
Kraftfahrzeuge	Fahrzeuge, die durch Maschinenkraft bewegt werden, Landkraftfahrzeuge nur insoweit, als sie nicht an Bahngleise gebunden sind (§ 248b IV)	**15**
Schienenfahrzeuge	An Schienen gebundene Fahrzeuge (siehe § 306)	**16**
Luftfahrzeuge	sind Flugzeuge, Drehflügler, Luftschiffe, Segelflugzeuge, Motorsegler, Frei- und Fesselballone, Drachen, Rettungsfallschirme, Flugmodelle, Luftsportgeräte und sonstige für die Benutzung des Luftraumes bestimmte Geräte, insb. Raumfahrzeuge, Raketen und ähnliche Flugkörper (§ 1 LuftVG).	**17**

18	Wasserfahrzeuge	Fahrzeuge, mit denen Personen eine Bewegung auf dem Wasser ohne unmittelbaren körperlichen Wasserkontakt möglich ist (siehe § 306)

§ 325a Verursachen von Lärm, Erschütterungen und nichtionisierenden Strahlen

1	Anlage	Als Funktionseinheit organisierte Sachgesamtheit von nicht ganz unerheblichen Ausmaßen zur Verwirklichung beliebiger Zwecke (siehe § 305a)
2	Betrieb	Ingangsetzen und -halten (siehe § 305a)
3	Betriebsstätte	Sachgesamtheit von baulichen Anlagen und Inventar, die einem gewerblichen Betrieb dient (siehe § 306)
4	Maschine	Ortsveränderliche technische Einrichtung (siehe § 325)
5	Verwaltungsrechtliche Pflicht	Pflicht, die sich aus einer Rechtsvorschrift, einer gerichtlichen Entscheidung, einem vollziehbaren Verwaltungsakt, einer vollziehbaren Auflage oder einem öffentlich-rechtlichen Vertrag ergibt und dem Schutz vor Gefahren oder schädlichen Einwirkungen auf die Umwelt dient (§ 330d Nr. 4)
6	Lärm	Hörbare, durch Schallwellen verbreitete Einwirkung, die nach Art, Ausmaß oder Dauer als störend empfunden wird
7	Gesundheitsschädigung	Hervorrufen, Steigern oder Aufrechterhalten eines krankhaften (pathologischen) Zustands (siehe § 223)
8	Erschütterungen	Stoßhaltige periodische oder regellose Schwingungen
9	Nichtionisierende Strahlen	Elektromagnetische, Radar- oder Laserstrahlen
10	Sache	Körperlicher Gegenstand (§ 90 BGB)
11	Fremd	Zumindest auch im Eigentum eines anderen stehend (siehe § 242)
12	Bedeutender Wert	750–1.000 Euro (siehe § 315)

Fahrlässigkeit	Generelle und individuelle Sorgfaltspflichtverletzung (siehe § 15)	13
Kraftfahrzeuge	Fahrzeuge, die durch Maschinenkraft bewegt werden, Landkraftfahrzeuge nur insoweit, als sie nicht an Bahngleise gebunden sind (§ 248b IV)	14
Schienenfahrzeuge	An Schienen gebundene Fahrzeuge (siehe § 306)	15
Luftfahrzeuge	sind Flugzeuge, Drehflügler, Luftschiffe, Segelflugzeuge, Motorsegler, Frei- und Fesselballone, Drachen, Rettungsfallschirme, Flugmodelle, Luftsportgeräte und sonstige für die Benutzung des Luftraumes bestimmte Geräte, insb. Raumfahrzeuge, Raketen und ähnliche Flugkörper (§ 1 LuftVG).	16
Wasserfahrzeuge	Fahrzeuge, mit denen Personen eine Bewegung auf dem Wasser ohne unmittelbaren körperlichen Wasserkontakt möglich ist (siehe § 306)	17

§ 326 Unerlaubter Umgang mit gefährlichen Abfällen

Abfälle	Bewegliche Sachen, deren sich der Besitzer endgültig entledigen will oder deren geordnete Beseitigung zur Wahrung des Allgemeinwohls geboten ist	1
Gift	Jeder Stoff, der durch chemische oder chemisch-physikalische Wirkung nach Art und Menge im konkreten Fall geeignet ist, erhebliche Gesundheitsschäden zu verursachen (siehe § 224).	2
Übertragbar	Durch Menschen, Tiere, Pflanzen oder unbelebte Stoffe vermittelbar	3
Gemeingefährlich	ist eine Krankheit, wenn zu der erheblichen Gesundheitsgefahr eine Gefährdung weiterer Bevölkerungskreise hinzukommt.	4
Selbstentzündlich	ist ein Stoff, der sich seiner Natur nach ohne besondere Zündung erhitzen und schließlich entzünden kann.	5
Radioaktiv	Kernbrennstoffhaltig oder sonst spontan ionisierende Strahlen aussendend	6
Gewässer	ist ein oberirdisches Gewässer, das Grundwasser und das Meer (§ 330d Nr. 1)	7

8	Boden	ist die obere Schicht der Erdkruste, einschließlich der flüssigen Bestandteile (Bodenlösung) und der gasförmigen Bestandteile (Bodenluft), ohne Grundwasser und Gewässerbetten (§ 2 I BBodenSchG).
9	Luft	Atmosphäre (siehe § 325)
10	Verunreinigen	Sichtbare Verschlechterung des äußeren Erscheinungsbildes (siehe § 324)
11	Nachteilige Veränderung	Nicht sichtbare Verschlechterung der physikalischen, chemischen oder biologischen Beschaffenheit (siehe § 324)
12	Nachhaltig	In erheblichem Umfang und für längere Dauer
13	Bestand von Tieren und Pflanzen	Tier- und Pflanzenpopulation in einem bestimmten Gebiet
14	Anlage	Als Funktionseinheit organisierte Sachgesamtheit von nicht ganz unerheblichen Ausmaßen zur Verwirklichung beliebiger Zwecke (siehe § 305a)
15	Ablassen	Jedes Ausfließenlassen, ohne Rücksicht auf seine Ursache
16	Behandeln	Zerkleinern, kompostieren, verbrennen und dergleichen
17	Beseitigen	Jedes Verhalten, das darauf ausgerichtet ist, die betreffende Sache der Natur zu überlassen und sich ihrer endgültig zu entledigen
18	Lagern	Vorübergehende Aufbewahrung mit dem Ziel anderweitiger Beseitigung
19	Ablagern	Endgültige Beseitigung
20	Verbringen	Transportieren
21	Verwaltungsrechtliche Pflicht	Pflicht, die sich aus einer Rechtsvorschrift, einer gerichtlichen Entscheidung, einem vollziehbaren Verwaltungsakt, einer vollziehbaren Auflage oder einem öffentlich-rechtlichen Vertrag ergibt und dem Schutz vor Gefahren oder schädlichen Einwirkungen auf die Umwelt dient (§ 330d Nr. 4)

Offensichtlich	ist, was sich dem verständigen Betrachter unmittelbar aufdrängt (siehe § 60).	22

§ 327 Unerlaubtes Betreiben von Anlagen

Kerntechnische Anlage	Anlage zur Erzeugung oder zur Bearbeitung oder Verarbeitung oder zur Spaltung von Kernbrennstoffen oder zur Aufarbeitung bestrahlter Kernbrennstoffe (§ 330d Nr. 2)	1
Betreiben	Bestimmungsgemäß nutzen	2
Innehaben	Besitz i.S.d. tatsächlichen Sachherrschaft	3
Abbauen	Jeder Eingriff in die Sachsubstanz mit dem Ziel der Stilllegung	4
Wesentlich	ist eine Änderung, die die von der Anlage ausgehende Gefahr betrifft	5
Betriebsstätte	Sachgesamtheit von baulichen Anlagen und Inventar, die einem gewerblichen Betrieb dient (siehe § 306)	6
Kernbrennstoff	Stoff, der zur Energieerzeugung durch Kernspaltung oder -vereinigung dient	7
Betrieb	Ingangsetzen und -halten (siehe § 305a)	8
(Sonstige) Anlage	Als Funktionseinheit organisierte Sachgesamtheit von nicht ganz unerheblichen Ausmaßen zur Verwirklichung beliebiger Zwecke (siehe § 305a)	9
Wassergefährdende Stoffe	sind Rohöle, Benzine, Dieselkraftstoffe und Heizöle sowie andere flüssige oder gasförmige Stoffe, die geeignet sind, Gewässer zu verunreinigen oder sonst in ihren Eigenschaften nachhaltig zu verändern (§ 19 II WHG).	10

§ 329 Gefährdung schutzbedürftiger Gebiete

Schädliche Umwelteinwirkung	sind Immissionen, die nach Art, Ausmaß oder Dauer geeignet sind, Gefahren, erhebliche Nachteile oder erhebliche Belästigungen für die Allgemeinheit oder die Nachbarschaft herbeizuführen (§ 3 I BImSchG).	1
Luftverunreinigung	sind Veränderungen der natürlichen Zusammensetzung der Luft, insb. durch Rauch, Ruß, Staub, Gase, Aerosole, Dämpfe oder Geruchsstoffe (§ 3 IV BImSchG).	2
Geräusche	Schallimmissionen	3

4	Austauscharme Wetterlagen	Situationen wetterbedingt geringer natürlicher Durchmischung der Luftschichten
5	Anlage	Als Funktionseinheit organisierte Sachgesamtheit von nicht ganz unerheblichen Ausmaßen zur Verwirklichung beliebiger Zwecke (siehe § 305a)
6	Betreiben	Bestimmungsgemäß nutzen (siehe § 327)
7	Kraftfahrzeuge	Fahrzeuge, die durch Maschinenkraft bewegt werden, Landkraftfahrzeuge nur insoweit, als sie nicht an Bahngleise gebunden sind (§ 248b IV)
8	Schienenfahrzeuge	An Schienen gebundene Fahrzeuge (siehe § 306)
9	Wasserfahrzeuge	Fahrzeuge, mit denen Personen eine Bewegung auf dem Wasser ohne unmittelbaren körperlichen Wasserkontakt möglich ist (siehe § 306)
10	Luftfahrzeuge	sind Flugzeuge, Drehflügler, Luftschiffe, Segelflugzeuge, Motorsegler, Frei- und Fesselballone, Drachen, Rettungsfallschirme, Flugmodelle, Luftsportgeräte und sonstige für die Benutzung des Luftraumes bestimmte Geräte, insb. Raumfahrzeuge, Raketen und ähnliche Flugkörper (§ 1 LuftVG).
11	Betriebliche Anlagen	sind solche, die nicht lediglich dem Privatgebrauch, sondern einem Betrieb dienen.
12	Wassergefährdende Stoffe	sind Rohöle, Benzine, Dieselkraftstoffe und Heizöle sowie andere flüssige oder gasförmige Stoffe, die geeignet sind, Gewässer zu verunreinigen oder sonst in ihren Eigenschaften nachhaltig zu verändern (§ 19 II WHG).
13	Befördern	Verbringen von einem Ort zum anderen
14	Gewerbe	Auf Gewinnerzielung gerichtete und gewisse Dauer angelegte, selbstständige Tätigkeit (siehe § 319)
15	Betrieb	ist eine nicht nur vorübergehende räumlich-organisatorische Einheit von Personen und Sachmitteln zur Verfolgung arbeitstechnischer Zwecke unter einheitlicher Leitung (siehe § 14).

Abbau	Maßnahme, um aus einer festen unbeweglichen Sache feste bewegliche Sachen zu gewinnen	**16**
Abgrabung	Vertiefung des Bodenniveaus	**17**
Aufschüttung	Erhöhung des Bodenniveaus	**18**
Gewässer	ist ein oberirdisches Gewässer, das Grundwasser und das Meer (§ 330d Nr. 1).	**19**
Schaffen	Entstehenlassen	**20**
Verändern	Herbeiführen eines von dem bisherigen abweichenden Zustandes (siehe § 303a)	**21**
Beseitigen	eines Gewässers ist die Aufhebung seines äußeren Zustandes	**22**
Moor	Dauernd feuchtes, schwammiges, tierarmes Gelände mit charakteristischen Pflanzengesellschaften auf einer mindestens 30 cm dicken Torfdecke (siehe § 306)	**23**
Entwässern	Jedes Ableiten vorhandenen Wassers	**24**
Wald	Erhebliche, zusammenhängende, ganz oder zum Teil mit Bäumen bewachsene Bodenfläche einschließlich des zwischen diesen stehenden Unterholzes und Bewuchses (siehe § 306)	**25**
Roden	Räumung der Bestockung mit Entfernung des Wurzelwerkes	**26**
Fangen	Erlangen der tatsächlichen Herrschaft über ein lebendes Tier (siehe § 292)	**27**
Nachstellen	Jede Handlung, mit der der Täter nach seiner Vorstellung zum Fangen, Erlegen, oder Sich-Zueignen unmittelbar ansetzt (siehe § 292)	**28**
Gelege	Gesamtheit von Eiern und Ablagestelle	**29**
(Ganz) Zerstören	Existenzvernichtung oder vollständiges Aufheben der bestimmungsgemäßen Brauchbarkeit (siehe § 303)	**30**
Teilweises Zerstören	ist gegeben, wenn durch die Substanzverletzung einzelne, funktionell selbstständige Teile der Sache, die für die zweckentsprechende Nutzung des Gesamtgegenstandes von Bedeutung sind, weggenommen, vernichtet oder unbrauchbar gemacht werden (siehe § 305).	**31**

32	Beschädigen	ist jede nicht unerhebliche Einwirkung, welche die Pflanze in ihrer Substanz verletzt oder in ihrer Lebensfunktion beeinträchtigt.
33	Entfernen	Verbringen aus dem geschützten Bereich
34	Gebäude	Durch Wände und Dach begrenztes, mit Grund und Boden fest verbundenes Bauwerk, das den Eintritt von Menschen ermöglicht (siehe § 243)
35	Errichten	Alle Erstellungshandlungen, inkl. des Aushebens der Fundamente
36	Beeinträchtigung des Schutzzwecks	Störung, die das Eintreten konkreter Gefahren für die geschützten Güter wahrscheinlich macht
37	Nicht unerheblich	Nicht nur vorübergehend oder geringfügig

§ 330 Besonders schwerer Fall einer Umweltstraftat

1	Gewässer	ist ein oberirdisches Gewässer, das Grundwasser und das Meer (§ 330d Nr. 1).
2	Boden	ist die obere Schicht der Erdkruste, einschließlich der flüssigen Bestandteile (Bodenlösung) und der gasförmigen Bestandteile (Bodenluft), ohne Grundwasser und Gewässerbetten (§ 2 I BBodenSchG).
3	Beeinträchtigen	Nachteilig verändern
4	Außergewöhnlicher Aufwand	Ungewöhnlich intensiver Einsatz von Mensch und Material
5	Öffentliche Wasserversorgung	Versorgung der Allgemeinheit mit Trink- und Brauchwasser in einem bestimmten Versorgungsgebiet
6	Bestand von Tieren oder Pflanzen	Tier- und Pflanzenpopulation in einem bestimmten Gebiet (siehe § 326)
7	Nachhaltig	In erheblichem Umfang und für längere Dauer (siehe § 326)
8	Gewinnsucht	Übersteigertes Gewinnstreben (siehe § 283d)
9	Schwere Gesundheitsschädigung	Langwierige ernste Krankheit oder erhebliche Beeinträchtigung der Arbeitsfähigkeit für längere Zeit (siehe § 221)
10	Große Zahl von Menschen	Mindestens zehn Personen (siehe § 263)

§ 330d Begriffsbestimmungen

Oberirdisches Gewässer	sind die ständig oder zeitweilig in Betten fließenden oder stehenden oder aus Quellen wild abfließenden Wasser (§ 1 I Nr. 1 WHG).	**1**
Grundwasser	ist das gesamte unterirdische Wasser.	**2**
Meer	Alle Küstengewässer und die Hohe See	**3**
Anlage	Als Funktionseinheit organisierte Sachgesamtheit von nicht ganz unerheblichen Ausmaßen zur Verwirklichung beliebiger Zwecke (siehe § 305a)	**4**
Kernbrennstoff	Stoff, der zur Energieerzeugung durch Kernspaltung oder -vereinigung dient (siehe § 327)	**5**
Rechtsvorschrift	Formelle inländische Gesetze oder Rechtsverordnungen (siehe § 315a)	**6**
Verwaltungsakt	ist jede Verfügung, Entscheidung oder andere hoheitliche Maßnahme, die eine Behörde zur Regelung eines Einzelfalls auf dem Gebiet des öffentlichen Rechts trifft und die auf unmittelbare Rechtswirkung nach außen gerichtet ist (§ 35 S. 1 VwVfG).	**7**
Vollziehbar	Verbindlich gegenüber dem Betroffenen	**8**
Auflage	Nebenbestimmung eines Verwaltungsaktes, die ein Tun, Dulden oder Unterlassen vorschreibt (vgl. § 36 II Nr. 4 VwVfG)	**9**
Schädliche Einwirkungen auf die Umwelt	Immissionen, die nach Art, Ausmaß oder Dauer geeignet sind, Gefahren, erhebliche Nachteile oder erhebliche Belästigungen für die Allgemeinheit oder die Nachbarschaft herbeizuführen (§ 3 I BImSchG)	**10**
Luft	Atmosphäre (siehe § 325)	**11**
Boden	ist die obere Schicht der Erdkruste, einschließlich der flüssigen Bestandteile (Bodenlösung) und der gasförmigen Bestandteile (Bodenluft), ohne Grundwasser und Gewässerbetten (§ 2 I BBodenSchG).	**12**
Kollusion	Bewusst pflichtwidriges, auf gemeinsamen Rechtsbruch gerichtetes Zusammenwirken	**13**
Drohung	Inaussichtstellung eines zukünftigen Übels, auf das der Drohende Einfluss zu haben vorgibt (siehe § 240)	**14**

Straftaten im Amt, §§ 331–358

Vor § 331 Vorteilsannahme

1 **Aufbauschema: § 331 I**

I. Tatbestand
1. Objektiver Tatbestand
   a) Tatsubjekt
      aa) Amtsträger
      bb) Für den öffentlichen Dienst besonders Verpflichteter
   b) Tatobjekt: Vorteil für den Täter oder Dritten
   c) Tathandlung
      aa) Fordern
      bb) Sichversprechenlassen
      cc) Annehmen
   d) Für die Dienstausübung (oder -unterlassung, § 336) (sog. Unrechtsvereinbarung)
2. Subjektiver Tatbestand

II. Rechtswidrigkeit
Rechtfertigung durch vorherige Genehmigung, § 331 III Alt. 1, bzw. unverzügliche Anzeige und nachträgliche Genehmigung, § 331 III Alt. 2

III. Schuld

Beachte: *Qualifikation, § 332 I*

2 **Aufbauschema: § 331 II**

I. Tatbestand
1. Objektiver Tatbestand
   a) Tatsubjekt
      aa) Richter
      bb) Schiedsrichter
   b) Tatobjekt: Vorteil für den Täter oder Dritten
   c) Tathandlung
      aa) Fordern
      bb) Sichversprechenlassen
      cc) Annehmen
   d) Als Gegenleistung (sog. Unrechtsvereinbarung)
   e) Für vergangene oder zukünftige richterliche Handlungen
2. Subjektiver Tatbestand

II. Rechtswidrigkeit

III. Schuld

Beachte: *Qualifikation, § 332 II*

§ 331 Vorteilsannahme

Amtsträger	Wer nach deutschem Recht Beamter oder Richter ist, in einem sonstigen öffentlich-rechtlichen Amtsverhältnis steht oder sonst zur Wahrnehmung öffentlicher Aufgaben bestellt ist (§ 11 I Nr. 2)	**1**
Für den öffentlichen Dienst besonders Verpflichteter	Wer, ohne Amtsträger zu sein, bei einer Behörde oder für eine sonstige Stelle, die Aufgaben der öffentlichen Verwaltung wahrnimmt, oder bei einem Verband oder sonstigem Zusammenschluss, Betrieb oder Unternehmen, die für eine Behörde oder für eine sonstige Stelle Aufgaben der öffentlichen Verwaltung ausführen, beschäftigt oder für sie tätig und auf gewissenhafte Erfüllung seiner Obliegenheiten auf Grund eines Gesetzes förmlich verpflichtet ist (§ 11 I Nr. 4)	**2**
Dienstausübung	Jede Tätigkeit, die ein Amtsträger oder für den öffentlichen Dienst besonders Verpflichteter zur Wahrnehmung der ihm übertragenen Aufgaben entfaltet	**3**
Vorteil	Jede Leistung materieller oder immaterieller Art, auf die der Empfänger keinen Anspruch hat, die den Täter besser stellt (siehe § 299)	**4**
Fordern	Einseitiges Verlangen in offener oder versteckter Form (siehe § 299)	**5**
Sichversprechenlassen	Entgegennahme der Zusage, die Leistung zu erbringen (siehe § 291)	**6**
Annehmen	Tatsächliche Entgegennahme mit dem Willen, darüber eigennützig zu verfügen (siehe § 299)	**7**
Richter	Wer nach deutschem Recht Berufsrichter oder ehrenamtlicher Richter ist (§ 11 I Nr. 3)	**8**
Schiedsrichter	ist der für ein Schiedsgericht in bürgerlichen Rechtsstreitigkeiten bestellte Richter.	**9**

10	Richterliche Handlungen	sind solche, deren Vornahme in den Bereich derjenigen Pflichten fällt, die durch die richterliche Unabhängigkeit geschützt sind.
11	Unverzüglich	Ohne schuldhaftes Zögern (§ 121 I BGB)

Vor § 332 Bestechlichkeit

1 **Aufbauschema**

Beachte: *Vor § 332 sollte § 331 geprüft werden. Dann kann im Tatbestand 1 a)–c) entweder ganz weggelassen oder insoweit in aller Kürze auf die vorangegangene Prüfung verwiesen werden.*

I. Tatbestand

1. Objektiver Tatbestand
   a) Tatsubjekt
      aa) Amtsträger
      bb) Für den öffentlichen Dienst besonders Verpflichteter
   b) Tatobjekt: Vorteil für den Täter oder Dritten
   c) Tathandlung
      aa) Fordern
      bb) Sichversprechenlassen
      cc) Annehmen
   d) Als Gegenleistung (sog. Unrechtsvereinbarung)
   e) Für vergangene oder zukünftige Diensthandlung (oder -unterlassung, § 336)
   f) Verletzung von Dienstpflichten (Beachte: § 332 III)
2. Subjektiver Tatbestand

II. Rechtswidrigkeit

III. Schuld

IV. Strafzumessung
Besonders schwere Fälle, § 335 II i.V.m. I Nr. 1a (Regelbeispiele)

§ 332 Bestechlichkeit

1	Amtsträger	Wer nach deutschem Recht Beamter oder Richter ist, in einem sonstigen öffentlich-rechtlichen Amtsverhältnis steht oder sonst zur Wahrnehmung öffentlicher Aufgaben bestellt ist (§ 11 I Nr. 2)

Für den öffentlichen Dienst besonders Verpflichteter	Wer, ohne Amtsträger zu sein, bei einer Behörde oder für eine sonstige Stelle, die Aufgaben der öffentlichen Verwaltung wahrnimmt, oder bei einem Verband oder sonstigem Zusammenschluss, Betrieb oder Unternehmen, die für eine Behörde oder für eine sonstige Stelle Aufgaben der öffentlichen Verwaltung ausführen, beschäftigt oder für sie tätig und auf gewissenhafte Erfüllung seiner Obliegenheiten auf Grund eines Gesetzes förmlich verpflichtet ist (§ 11 I Nr. 4)	**2**
Vorteil	Jede Leistung materieller oder immaterieller Art, auf die der Empfänger keinen Anspruch hat, die den Täter besser stellt (siehe § 299)	**3**
Fordern	Einseitiges Verlangen in offener oder versteckter Form (siehe § 299)	**4**
Sichversprechenlassen	Entgegennahme der Zusage, die Leistung zu erbringen (siehe § 291)	**5**
Annehmen	Tatsächliche Entgegennahme mit dem Willen, darüber eigennützig zu verfügen (siehe § 299)	**6**
Diensthandlung	ist eine Handlung, die zu den dienstlichen Obliegenheiten der Amtsperson gehört und von ihr in dienstlicher Eigenschaft vorgenommen wird.	**7**
Verletzung von Dienstpflichten	liegt vor, wenn die Diensthandlung gegen Gesetz, Dienstvorschrift oder Einzelanordnung verstößt.	**8**
Richter	Wer nach deutschem Recht Berufsrichter oder ehrenamtlicher Richter ist (§ 11 I Nr. 3)	**9**
Schiedsrichter	ist der für ein Schiedsgericht in bürgerlichen Rechtsstreitigkeiten bestellte Richter (siehe § 331).	**10**
Richterliche Handlungen	sind solche, deren Vornahme in den Bereich derjenigen Pflichten fällt, die durch die richterliche Unabhängigkeit geschützt sind (siehe § 331).	**11**
Verletzung von richterlichen Pflichten	ist gegeben, wenn eine ungültige Norm zur Anwendung gebracht, eine gültige Norm nicht oder nicht richtig zur Anwendung gebracht wird oder eine Ermessensüberschreitung oder ein Ermessensmissbrauch vorliegt.	**12**
Ermessen	Spielraum bei der pflichtgemäßen Wahl zwischen verschiedenen sachlichen Möglichkeiten	**13**

Vor § 333 Vorteilsgewährung

1 **Aufbauschema: § 333 I**

I. Tatbestand
- 1. Objektiver Tatbestand
  - a) Adressat
    - aa) Amtsträger
    - bb) Für den öffentlichen Dienst besonders Verpflichteter
    - cc) Soldat der Bundeswehr
  - b) Tatobjekt: Vorteil für Adressat oder Dritten
  - c) Tathandlung
    - aa) Anbieten
    - bb) Versprechen
    - cc) Gewähren
  - d) Für die Dienstausübung (oder -unterlassung, § 336)
- 2. Subjektiver Tatbestand

II. Rechtswidrigkeit
Rechtfertigung durch vorherige Genehmigung, § 333 III Alt. 1, bzw. unverzügliche Anzeige und nachträgliche Genehmigung, § 333 III Alt. 2

III. Schuld

Beachte: *Qualifikation, § 334 I*

2 **Aufbauschema: § 333 II**

I. Tatbestand
- 1. Objektiver Tatbestand
  - a) Adressat
    - aa) Richter
    - bb) Schiedsrichter
  - b) Tatobjekt: Vorteil für Adressat oder Dritten
  - c) Tathandlung
    - aa) Anbieten
    - bb) Versprechen
    - cc) Gewähren
  - d) Als Gegenleistung (sog. Unrechtsvereinbarung)
  - e) Für vergangene oder zukünftige Richterliche Handlung
- 2. Subjektiver Tatbestand

II. Rechtswidrigkeit

III. Schuld

Beachte: *Qualifikation, § 334 II*

§ 333 Vorteilsgewährung

Amtsträger	Wer nach deutschem Recht Beamter oder Richter ist, in einem sonstigen öffentlich-rechtlichen Amtsverhältnis steht oder sonst zur Wahrnehmung öffentlicher Aufgaben bestellt ist (§ 11 I Nr. 2)	**1**
Für den öffentlichen Dienst besonders Verpflichteter	Wer, ohne Amtsträger zu sein, bei einer Behörde oder für eine sonstige Stelle, die Aufgaben der öffentlichen Verwaltung wahrnimmt, oder bei einem Verband oder sonstigem Zusammenschluss, Betrieb oder Unternehmen, die für eine Behörde oder für eine sonstige Stelle Aufgaben der öffentlichen Verwaltung ausführen, beschäftigt oder für sie tätig und auf gewissenhafte Erfüllung seiner Obliegenheiten auf Grund eines Gesetzes förmlich verpflichtet ist (§ 11 I Nr. 4)	**2**
Soldat der Bundeswehr	Wer aufgrund der Wehrpflicht oder freiwilliger Verpflichtung in einem Wehrdienstverhältnis steht (§ 1 I SoldG)	**3**
Dienstausübung	Jede Tätigkeit, die ein Amtsträger oder für den öffentlichen Dienst besonders Verpflichteter zur Wahrnehmung der ihm übertragenen Aufgaben entfaltet (siehe § 331)	**4**
Vorteil	Jede Leistung materieller oder immaterieller Art, auf die der Empfänger keinen Anspruch hat, die den Täter besser stellt (siehe § 331)	**5**
Anbieten	Eine auf den Abschluss einer Unrechtsvereinbarung gerichtete ausdrückliche oder stillschweigende Erklärung (siehe § 299)	**6**
Versprechen	Angebot einer künftigen Leistung (siehe § 299)	**7**
Gewähren	Tatsächlich zuwenden (siehe § 299)	**8**
Richter	Wer nach deutschem Recht Berufsrichter oder ehrenamtlicher Richter ist (§ 11 I Nr. 3)	**9**
Schiedsrichter	ist der für ein Schiedsgericht in bürgerlichen Rechtsstreitigkeiten bestellte Richter (siehe § 331).	**10**
Richterliche Handlungen	Sind solche, deren Vornahme in den Bereich derjenigen Pflichten fällt, die durch die richterliche Unabhängigkeit geschützt sind (siehe § 331).	**11**

Vor § 334 Bestechung

1 **Aufbauschema**

Beachte: *Vor § 334 sollte § 333 geprüft werden. Dann kann im Tatbestand 1 a)–c) entweder ganz weggelassen oder insoweit in aller Kürze auf die vorangegangene Prüfung verwiesen werden.*

I. Tatbestand

1. Objektiver Tatbestand
   a) Adressat
      aa) Amtsträger
      bb) Für den öffentlichen Dienst besonders Verpflichteter
      cc) Soldat der Bundeswehr
   b) Tatobjekt: Vorteil für Adressat oder Dritten
   c) Tathandlung:
      aa) Anbieten
      bb) Versprechen
      cc) Gewähren
   d) Als Gegenleistung (sog. Unrechtsvereinbarung)
   e) Für vergangene oder zukünftige Diensthandlung (oder -unterlassung, § 336)
   f) Verletzung von Dienstpflichten (Beachte: § 334 III)
2. Subjektiver Tatbestand

II. Rechtswidrigkeit

III. Schuld

IV. Strafzumessung

Besonders schwere Fälle, § 335 II i.V.m. I Nr. 1b (Regelbeispiele)

§ 334 Bestechung

1	Amtsträger	Wer nach deutschem Recht Beamter oder Richter ist, in einem sonstigen öffentlich-rechtlichen Amtsverhältnis steht oder sonst zur Wahrnehmung öffentlicher Aufgaben bestellt ist (§ 11 I Nr. 2)
2	Für den öffentlichen Dienst besonders Verpflichteter	Wer, ohne Amtsträger zu sein, bei einer Behörde oder für eine sonstige Stelle, die Aufgaben der öffentlichen Verwaltung wahrnimmt, oder bei einem Verband oder sonstigem Zusammenschluss, Betrieb oder Unternehmen, die für eine Behörde oder für eine sonstige Stelle Aufgaben der öffentlichen

	Verwaltung ausführen, beschäftigt oder für sie tätig und auf gewissenhafte Erfüllung seiner Obliegenheiten auf Grund eines Gesetzes förmlich verpflichtet ist (§ 11 I Nr. 4)	
Soldat der Bundeswehr	Wer aufgrund der Wehrpflicht oder freiwilliger Verpflichtung in einem Wehrdienstverhältnis steht (§ 1 I SoldG)	**3**
Vorteil	Jede Leistung materieller oder immaterieller Art, auf die der Empfänger keinen Anspruch hat, die den Täter besser stellt (siehe § 299)	**4**
Anbieten	Eine auf den Abschluss einer Unrechtsvereinbarung gerichtete ausdrückliche oder stillschweigende Erklärung (siehe § 299)	**5**
Versprechen	Angebot einer künftigen Leistung (siehe § 299)	**6**
Gewähren	Tatsächlich zuwenden (siehe § 299)	**7**
Diensthandlung	ist eine Handlung, die zu den dienstlichen Obliegenheiten der Amtsperson gehört und von ihr in dienstlicher Eigenschaft vorgenommen wird (siehe § 332).	**8**
Verletzung von Dienstpflichten	liegt vor, wenn die Diensthandlung gegen Gesetz, Dienstvorschrift oder Einzelanordnung verstößt (siehe § 332).	**9**
Richter	Wer nach deutschem Recht Berufsrichter oder ehrenamtlicher Richter ist (§ 11 I Nr. 3)	**10**
Schiedsrichter	ist der für ein Schiedsgericht in bürgerlichen Rechtsstreitigkeiten bestellte Richter (siehe § 331).	**11**
Richterliche Handlungen	sind solche, deren Vornahme in den Bereich derjenigen Pflichten fällt, die durch die richterliche Unabhängigkeit geschützt sind (siehe § 331).	**12**
Verletzung von richterlichen Pflichten	ist gegeben, wenn eine ungültige Norm zur Anwendung gebracht, eine gültige Norm nicht oder nicht richtig zur Anwendung gebracht wird oder eine Ermessensüberschreitung oder ein Ermessensmissbrauch vorliegt (siehe § 332).	**13**
Bestimmen	Hervorrufen des Tatentschlusses (siehe § 26)	**14**

§ 335 Besonders schwere Fälle der Bestechlichkeit und Bestechung

1	Vorteil	Jede Leistung materieller oder immaterieller Art, auf die der Empfänger keinen Anspruch hat, die den Täter besser stellt (siehe § 331)
2	Großes Ausmaß	Umfang, der aus dem Rahmen der durchschnittlichen Fälle deutlich herausragt (siehe § 263)
3	Fortgesetzt	Zum wiederholten Male
4	Annehmen	Tatsächliche Entgegennahme mit dem Willen, darüber eigennützig zu verfügen (siehe § 331)
5	Diensthandlung	ist eine Handlung, die zu den dienstlichen Obliegenheiten der Amtsperson gehört und von ihr in dienstlicher Eigenschaft vorgenommen wird (siehe § 332).
6	Gewerbsmäßig	handelt, wer die Absicht hat, sich durch wiederholte Tatbegehung eine fortlaufende Einnahmequelle von einiger Dauer und einigem Umfang zu verschaffen (siehe § 243).
7	Bande	Auf ausdrücklicher oder stillschweigender Vereinbarung beruhender Zusammenschluss von mindestens drei Personen (siehe § 244)
8	Fortgesetzte Begehung	Begehung mehrerer selbstständiger, im Einzelnen noch unbestimmter Taten (siehe § 244)

§ 336 Unterlassen der Diensthandlung

1	Diensthandlung	ist eine Handlung, die zu den dienstlichen Obliegenheiten der Amtsperson gehört und von ihr in dienstlicher Eigenschaft vorgenommen wird (siehe § 332).
2	Richterliche Handlung	sind solche, deren Vornahme in den Bereich derjenigen Pflichten fällt, die durch die richterliche Unabhängigkeit geschützt sind (siehe § 331).
3	Unterlassen	Nichtvornahme einer faktisch möglichen Handlung mit sinnvoller Erfolgsabwendungstendenz (siehe § 13)

§ 339 Rechtsbeugung

Richter	Wer nach deutschem Recht Berufsrichter oder ehrenamtlicher Richter ist (§ 11 I Nr. 3)	**1**
Amtsträger	Wer nach deutschem Recht Beamter oder Richter ist, in einem sonstigen öffentlich-rechtlichen Amtsverhältnis steht oder sonst zur Wahrnehmung öffentlicher Aufgaben bestellt ist (§ 11 I Nr. 2)	**2**
Schiedsrichter	ist der für ein Schiedsgericht in bürgerlichen Rechtsstreitigkeiten bestellte Richter (siehe § 331).	**3**
Leitung	Inbegriff aller Maßnahmen, die auf Erledigung zielen	**4**
Entscheidung	Anordnung einer Rechtsfolge	**5**
Rechtssache	ist jede Angelegenheit, bei denen mehrere Beteiligte vorkommen können, die widerstreitende Interessen verfolgen, über die nach Rechtssätzen entschieden wird.	**6**
Zum Nachteil	ist jede Verschlechterung.	**7**
Partei	ist jeder Beteiligte.	**8**
Beugung	Verbiegen, Verdrehen, ohne es notwendig zu brechen	**9**

§ 340 Körperverletzung im Amt

Körperverletzung	Körperliche Misshandlung oder Gesundheitsbeschädigung	**1**
Amtsträger	Wer nach deutschem Recht Beamter oder Richter ist, in einem sonstigen öffentlich-rechtlichen Amtsverhältnis steht oder sonst zur Wahrnehmung öffentlicher Aufgaben bestellt ist (§ 11 I Nr. 2)	**2**
Während der Dienstausübung	In einer Zeit, in der der Täter befugt als Amtsträger tätig ist	**3**
In Beziehung auf den Dienst	Im inneren, nicht notwendig örtlichen oder zeitlichen Zusammenhang mit der Dienstausübung	**4**

§ 343 Aussageerpressung

1	Amtsträger	Wer nach deutschem Recht Beamter oder Richter ist, in einem sonstigen öffentlich-rechtlichen Amtsverhältnis steht oder sonst zur Wahrnehmung öffentlicher Aufgaben bestellt ist (§ 11 I Nr. 2)
2	Körperliche Misshandlung	Jede üble, unangemessene Behandlung, die das körperliche Wohlbefinden mehr als nur unerheblich beeinträchtigt (siehe § 223)
3	Gewalt	Körperlich wirkender Zwang (siehe § 240)
4	Drohung	Inaussichtstellung eines zukünftigen Übels, auf das der Drohende Einfluss zu haben vorgibt (siehe § 240)
5	Seelisch quälen	Zufügen unnötiger, länger andauernder oder sich wiederholender seelischer Leiden, die über das mit dem Verfahren notwendig verbundene Maß hinausgehen
6	Aussagen oder Erklären	Jedes Bekunden
7	Nötigen	Aufzwingen eines bestimmten Verhaltens gegen den Willen des Opfers (siehe § 240)

§ 344 Verfolgung Unschuldiger

1	Amtsträger	Wer nach deutschem Recht Beamter oder Richter ist, in einem sonstigen öffentlich-rechtlichen Amtsverhältnis steht oder sonst zur Wahrnehmung öffentlicher Aufgaben bestellt ist (§ 11 I Nr. 2)
2	Unschuldig	ist, wer die dem Verfahren zugrunde liegende Tat nicht begangen hat oder wegen der Tat nicht strafbar ist.
3	Verfolgung	ist jedes dienstliche Tätigwerden zur Förderung des Verfahrens.
4	Absicht	Zielgerichtetes Wollen in dem Sinne, dass es dem Täter gerade darauf ankommt, den Erfolg herbeizuführen (siehe § 15)
5	Wissentlichkeit	Sicheres Wissen (siehe § 15)

§ 345 Vollstreckung gegen Unschuldige

Amtsträger	Wer nach deutschem Recht Beamter oder Richter ist, in einem sonstigen öffentlich-rechtlichen Amtsverhältnis steht oder sonst zur Wahrnehmung öffentlicher Aufgaben bestellt ist (§ 11 I Nr. 2)	**1**
Vollstreckung	Jede hoheitliche Tätigkeit zur Vollziehung	**2**
Gesetzlich unzulässig	ist sie, wenn die Rechtsfolge überhaupt nicht verhängt wurde oder nicht oder nicht mehr vollstreckt werden darf.	**3**
Leichtfertig	handelt, wer grob fahrlässig handelt und nicht beachtet, was sich jedermann aufdrängen muss (siehe § 15).	**4**

§ 348 Falschbeurkundung im Amt

Amtsträger	Wer nach deutschem Recht Beamter oder Richter ist, in einem sonstigen öffentlich-rechtlichen Amtsverhältnis steht oder sonst zur Wahrnehmung öffentlicher Aufgaben bestellt ist (§ 11 I Nr. 2)	**1**
Öffentliche Urkunde	Urkunde, die von einer öffentlichen Behörde innerhalb der Grenzen ihrer Amtsbefugnisse oder von einer mit öffentlichem Glauben versehenen Person innerhalb des ihr zugewiesenen Geschäftskreises in der vorgeschriebenen Form aufgenommen ist (siehe § 271)	**2**
Aufnahme einer Urkunde	bedeutet, dass jemand Erklärungen beurkundet, die ein anderer vor ihm abgibt, oder Wahrnehmungen, die er selbst gemacht hat.	**3**
Rechtlich erheblich	ist eine Tatsache die für die Entstehung, Erhaltung, Veränderung eines öffentlichen oder privaten Rechts oder Rechtsverhältnisses von Bedeutung ist.	**4**
Tatsache	Ereignisse, Vorgänge oder Zustände der Außen- oder Innenwelt, sofern sie der Gegenwart oder Vergangenheit angehören und dem Beweis zugänglich sind (siehe § 186)	**5**
Falsch	ist, was nicht der Wahrheit entspricht.	**6**
Beurkunden, eintragen oder eingeben	ist Aufnehmen mit Beweiskraft für und gegen jedermann.	**7**

§ 352 Gebührenüberhebung

1	Amtsträger	Wer nach deutschem Recht Beamter oder Richter ist, in einem sonstigen öffentlich-rechtlichen Amtsverhältnis steht oder sonst zur Wahrnehmung öffentlicher Aufgaben bestellt ist (§ 11 I Nr. 2)
2	Anwalt	Vertreter eines Anwaltsberufs
3	Rechtsbeistand	Personen, die im Rahmen einer rechtlich anerkannten Rolle als unabhängige Sachwalter fremde Rechtsangelegenheiten vertreten
4	Vergütung	Entgelt, das dem Grunde oder dem Betrage nach gesetzlich oder durch Verordnung festgelegt ist
5	Gebühr	Vergütung nach Kostenrecht
6	Amtliche Verrichtung	Alle Handlungen, die der Täter kraft seiner Amts- oder Berufsstellung vornimmt
7	Zu seinem Vorteil	Nicht lediglich zugunsten eines Dritten
8	Erheben	Fordern und Empfangen in irgendeiner Form
9	Schulden	Kostenrechtlich zustehen

§ 353b Verletzung des Dienstgeheimnisses und einer besonderen Geheimhaltungspflicht

1	Amtsträger	Wer nach deutschem Recht Beamter oder Richter ist, in einem sonstigen öffentlich-rechtlichen Amtsverhältnis steht oder sonst zur Wahrnehmung öffentlicher Aufgaben bestellt ist (§ 11 I Nr. 2)
2	Für den öffentlichen Dienst besonders Verpflichteter	Wer, ohne Amtsträger zu sein, bei einer Behörde oder für eine sonstige Stelle, die Aufgaben der öffentlichen Verwaltung wahrnimmt, oder bei einem Verband oder sonstigem Zusammenschluss, Betrieb oder Unternehmen, die für eine Behörde oder für eine sonstige Stelle Aufgaben der öffentlichen Verwaltung ausführen, beschäftigt oder für sie tätig und auf gewissenhafte Erfüllung seiner Obliegenheiten auf Grund eines Gesetzes förmlich verpflichtet ist (§ 11 I Nr. 4)

Dienstgeheimnis	Dienstliche Tatsachen, Gegenstände oder Erkenntnisse, die nur einem begrenzten Personenkreis zugänglich und bekannt sind und die aufgrund von Rechtsvorschriften, Anordnungen oder ihrer Natur nach der Geheimhaltung bedürfen	3
Anvertraut	Im Vertrauen auf die Verschwiegenheitspflicht mitgeteilt (siehe § 203)	4
Offenbaren	Mitteilen an einen Dritten, der die Tatsache (noch) nicht (sicher) kennt (siehe § 203)	5
Öffentliche Interessen	Belange der Allgemeinheit	6
Wichtig	Von einigem Belang	7
Fahrlässigkeit	Generelle und individuelle Sorgfaltspflichtverletzung (siehe § 15)	8
Gegenstand	Sache (siehe § 290)	9
Nachricht	Angaben, Mitteilung	10
Gelangenlassen	Verschaffen von Gewahrsam bzw. zur Kenntnis bringen	11
Bekanntmachen	Bewusste allgemeine Kundgabe	12

§ 353d Verbotene Mitteilungen über Gerichtsverhandlungen

Mitteilungmachen	Informieren	1
Öffentlich	In einer Weise, dass ein größerer, individuell nicht feststehender oder jedenfalls durch persönliche Beziehungen nicht verbundener Personenkreis die Möglichkeit der Wahrnehmung hat (siehe § 111)	2
Inhalt	Mindestens ein Teil des sachlichen Gehalts	3
Amtlich	Von offizieller Stelle stammend	4
Schriftstück	Schriftträger wie Papiere oder andere Sachen, auf denen schriftlich, gedruckt oder geschrieben Gedanken ausgedrückt sind (siehe § 133)	5
Tatsache	Ereignisse, Vorgänge oder Zustände der Außen- oder Innenwelt, sofern sie der Gegenwart oder Vergangenheit angehören und dem Beweis zugänglich sind (siehe § 186)	6

7	Offenbaren	Mitteilen an einen Dritten, der die Tatsache (noch) nicht (sicher) kennt (siehe § 203)
8	Wesentlich	sind Teile, die für die Sache oder einen Beteiligten wichtige Umstände wiedergeben
9	Im Wortlaut	Wortgetreu, nicht nur inhaltlich
10	Erörtert	ist etwas schon dann, wenn der wesentliche Inhalt sinngemäß mitgeteilt wird.
11	Abgeschlossen	Rechtskräftig beendet

Vor § 356 Parteiverrat

1 **Aufbauschema**

I. Tatbestand
- 1. Objektiver Tatbestand
  - a) Tatsubjekt
    - aa) Anwalt
    - bb) Anderer Rechtsbeistand
  - b) Bei in dieser Eigenschaft anvertrauten Angelegenheiten
  - c) Dieselbe Rechtssache
  - d) Tathandlung
    Beiden Parteien durch Rat oder Beistand dienen
  - e) Pflichtwidrig
- 2. Subjektiver Tatbestand

II. Rechtswidrigkeit

III. Schuld

Beachte: *Qualifikation, § 356 II*

§ 356 Parteiverrat

1	Anwalt	Vertreter eines Anwaltsberufs (siehe § 352)
2	Rechtsbeistand	Personen, die im Rahmen einer rechtlich anerkannten Rolle als unabhängige Sachwalter fremde Rechtsangelegenheiten vertreten (siehe § 352)
3	Anvertrauen	Übertragung der Interessenwahrnehmung auf die entsprechende Person in ihrer beruflichen Eigenschaft als unabhängiger Sachwalter
4	Partei	ist jeder Beteiligte (siehe § 339).

Rechtssache	ist jede Angelegenheit, bei denen mehrere Beteiligte vorkommen können, die widerstreitende Interessen verfolgen, über die nach Rechtssätzen entschieden wird (siehe § 339).	**5**
Dieselbe Rechtssache	liegt vor, wenn es sich um denselben Streitstoff handelt, auch wenn er in verschiedenen Verfahren verhandelt wird.	**6**
Rat	Jede Tätigkeit im Innenverhältnis	**7**
Beistand	Jede Wahrnehmung der Interessen nach außen	**8**
Pflichtwidrig	Wenn eine andere Partei in derselben Rechtssache bereits in entgegengesetztem Interesse beraten oder vertreten wurde (vgl. § 43a IV BRAO)	**9**
Dienen durch Rat oder Beistand	ist die gesamte berufliche Tätigkeit rechtlicher oder tatsächlicher Art, durch die das Interesse einer Partei gefördert werden soll.	**10**

§ 357 Verleitung eines Untergebenen

Vorgesetzter	Dienstlich übergeordneter Amtsträger	**1**
Untergebener	Die einem Vorgesetzen dienstlich untergeordnete Person	**2**
Rechtswidrige Tat	Handlung, die den Tatbestand eines Strafgesetzes verwirklicht (§ 11 I Nr. 5)	**3**
Im Amt	In Ausübung des Amtes	**4**
Verleiten	Bestimmendes Einwirken auf den Willen des anderen mit beliebigen Mitteln (siehe § 120)	**5**
Unternehmen	einer Tat ist deren Versuch und Vollendung (§ 11 I Nr. 6).	**6**
Geschehenlassen	Tätiges Fördern oder Beihilfe durch Unterlassen	**7**